傅海龙 著

U0611592

# 精明老板这样看财务

北京理工大学出版社
BEIJING INSTITUTE OF TECHNOLOGY PRESS

**图书在版编目（CIP）数据**

精明老板这样看财务 / 傅海龙著. —北京：北京理工大学出版社，
2015.8

ISBN 978 – 7 – 5682 – 0672 – 3

Ⅰ.①精…　Ⅱ.①傅…　Ⅲ.①企业管理 – 财务管理　Ⅳ.①F275

中国版本图书馆CIP数据核字（2015）第114644号

---

出版发行 / 北京理工大学出版社有限责任公司
社　　　址 / 北京市海淀区中关村南大街5号
邮　　　编 / 100081
电　　　话 / （010）68914775（总编室）
　　　　　　（010）82562903（教材售后服务热线）
　　　　　　（010）68948351（其他图书服务热线）
网　　　址 / http：//www.bitpress.com.cn
经　　　销 / 全国各地新华书店
印　　　刷 / 北京恒石彩印有限公司
开　　　本 / 710毫米×1000毫米　1/16
印　　　张 / 13　　　　　　　　　　　　　　责任编辑 / 李慧智
字　　　数 / 160千字　　　　　　　　　　　文案编辑 / 王晓莉
版　　　次 / 2015年8月第1版　2015年8月第1次印刷　责任校对 / 周瑞红
定　　　价 / 35.80元　　　　　　　　　　　责任印制 / 李志强

---

## 自序

　　企业经营与管理是一门大学问，而企业的财务管理又是其中的关键板块。作为企业经营管理的核心人物，你是否足够了解企业的财务状况呢？是否还在想当然地拍脑袋做决策？是否抓住了财务管理的核心工作？是否遭遇过"别人投资事半功倍，自己投资事倍功半"的窘境？是否总是无法做好资本运营和财务风险规避？……

　　财务管理是企业管理的重心和关键所在，企业的财务管理工作质量的高低不仅直接关系着企业的总体发展，还关系着企业在市场竞争中的地位以及企业的社会形象。随着市场经济的飞速发展，企业间的竞争可谓是一波未平一波又起。不过，很多企业的财务管理体制并没有随之一起进步和完善，甚至还有些企业的财务管理制度不够健全，导致企业的财务工作一塌糊涂。因此，不断优化财务管理便成了摆在众多企业老板眼前的一件迫在眉睫的大事。

　　或许很多企业老板正对企业的相关财务问题不知所措，或许也正由于手里缺少一本这方面的实用书籍而愁眉不展。其实，财务管理说难也难，说简单也简单。而解决这些问题，正是本书创作的初衷。

　　在本书中，我们将会从财务基础知识、财务报表、资产管理、财务预算、成本控制、投融资管理和财务风险控制七大方面，以更加言简意赅、通俗易懂的文字向广大企业老板——介绍相关的企业财务管理工作，向广大的企业老板展示出必须掌握的关键财务知识以及注意事项，进而帮助企业老板快速地、高屋建瓴地掌管好企业的财务工作。

此外，本书图文并茂，以全图解的形式站在企业老板的角度答疑解惑，娓娓道来，具备针对性、实行性、可操作性等特点，内容细致而不烦琐、深入浅出而不流于形式，对我们的财务管理工作有重要的指导意义。

现代的企业财务管理工作已经不只是市场萌芽时期那种一支笔一个账本的简单工作了，而是变成了一系列系统和规模的成熟体系。作为企业最高决策者和管理者，老板最重要的就是要通过对多元的财务知识进行全方面的分析，进而对企业未来的市场规划和发展方向做出决策，指导企业发展。本书所讲的内容虽不敢说是放之四海而皆准的真理，但相信有了它的指导，老板们的财务管理工作一定可以由烦琐走向有序、从复杂走向简单，他们最终可以轻轻松松地成为一名财务管理专家！

# 目录

## 第七章　规避财务漏洞，控制财务风险

# 第一章

## 新技能GET：老板为什么要懂财务

对企业的发展来说，不管创办的企业规模有多大，拥有什么样的行业背景，这些都不是最重要的，最终决定企业是否能长久发展的是财务管理机制。一个优秀的企业财务管理，可以使小企业由弱变强，逐渐发展成为一个大企业；还可以在经济萧条的背景下，使企业依然能够获得不错的收益。对于老板来说，想要达成这一目的，就要不断地学习，了解并掌握企业财务管理的相关知识，只有这样才能运用各种企业财务管理方法，为企业的发展提供原动力。

## 第一节
## 弄懂一个概念：老板为什么要懂财务

对于企业老板来说，他们在经营企业的过程中，往往最关注的是企业的生产和销售，根本不重视企业的财务管理，甚至对财务一窍不通，更别谈精通财务了。然而，在当今企业经营的竞争中，财务管理的重要性不言而喻。

如果我们将企业看作一辆车，老板就是车上的驾驶员。驾驶员要想将车开得尽可能地平稳些、安全些，就必须时刻关注车上的各种仪表，比如：里程表、速度表、水温表等，通过观察这些仪表来了解车辆运行的情况，以确保汽车安全行驶。对于企业老板而言，一张张财务报表就像是汽车上的仪表一样，能够显示企业运行的信息，可以真实反映出企业的经营状况和财务情况。

虽然企业有专门的财务人员来做财务工作，老板无须精通财务，但作为财务管理的重要决策人，他将直接决定企业财务管理的水平，影响企业的盛

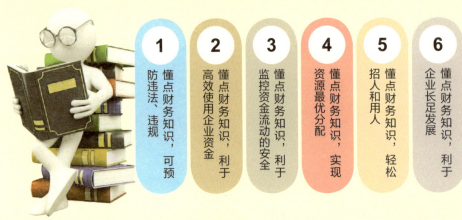

1 懂点财务知识，可预防违法、违规

2 懂点财务知识，利于高效使用企业资金

3 懂点财务知识，利于监控资金流动的安全

4 懂点财务知识，实现资源最优分配

5 懂点财务知识，轻松招人和用人

6 懂点财务知识，利于企业长足发展

图1-1　懂点财务知识的必要性

衰与成败。因而，企业老板学点财务知识已是迫在眉睫的事，对于老板来说，首先要明白自己为什么要懂财务？

## 1. 懂点财务知识，可预防违法、违规

《中华人民共和国会计法》规定，企业的财务工作出现任何问题，最先追究的是企业法定代表人或管理层的责任。老板不能以不懂财务为由而推卸应该承担的责任。如果老板不懂财务，将是最致命的弱点，会导致财务人员违纪、违规甚至违法行为的出现，比如：挪用单位资金牟取私利或是公款私存获取利息收入等。如果老板看不懂财务报告，他就无法及时发现这些企业存在的严重问题。财务问题就像一颗定时炸弹，一旦爆发，就会给企业带来不可弥补的损失。

如果老板懂点财务知识，就能够及时发现问题，并采取相应的措施。老板应该不断强化审计监督，严肃财经纪律，不断完善和建立健全各项财务各项规章制度，加强内部控制管理，预防企业各级人员包括财务人员违法、违规行为的出现。

## 2. 懂点财务知识，利于高效使用企业资金

企业的最终目标就是使企业的资产产生最大的经济效益。对于老板来说，懂点财务知识，可以更加准确地了解并掌握资金管理的相关知识。当企业出现模糊的财务问题时，老板借助自己所学的知识，就能及时了解资金的流向，指导并敦促财务人员，使他们合理并高效地使用企业资金，从而加强企业的造血功能，使其资产产生出最大的经济效益。

## 3. 懂点财务知识，利于监控资金流动的安全

现实生活中，很多企业由于经营不善，最终走向倒闭，如追其根源，不

难发现，其主要的原因就是在企业经营过程中，资金链突然断裂，老板一时无法筹集到足够的资金，导致企业陷入危险境地。如果老板懂点财务知识，就能及时注意到这个问题，不断调整经营方法和策略，以保证资金的正常运转。故而，懂点财务知识，对监控资金流动的安全十分重要。

### 4. 懂点财务知识，实现资源最优分配

企业是一组资源的结合体，企业间的竞争无非就是各利益主体争夺并充分利用资源进行竞争。如果老板能够懂点财务知识，就能从市场中获得更多的资源，并将这些资源最大化利用，达到资源最优分配的目的。如此这样，老板便能轻松实现以下几点：

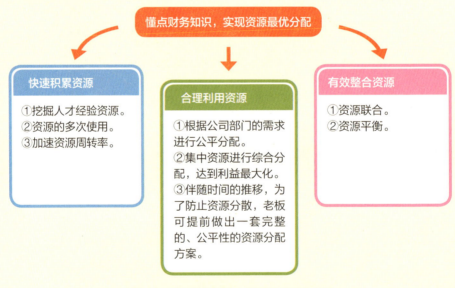

图1-2　懂点财务知识，实现资源最优分配

#### （1）快速积累资源

在企业中，老板能够快速积累资源，主要表现在以下三个方面：

①挖掘人才经验资源，比如：管理人员或基层员工。

②资源的多次使用。有些资源是有形的，其中包括不可重复或可重复使用材料，比如：原材料是有形的，是一次性材料，是不可重复使用的；而有些资源是无形的，比如：人脉或声誉等。

③加速资源周转率。加速资金流动，拥有抗衡对手的核心竞争力。

（2）合理利用资源

当企业积累一定资源后，如果资源分配不合理，就会造成资源利用混乱；而如果合理分配资源就能有效防止资源大量流失。所以，在分配资源时，老板应注意以下三个原则：

①根据公司部门的需求进行公平分配。

②集中资源进行综合分配，达到利益最大化。

③伴随着时间的推移，为了防止资源分散，老板可提前做出一套完整的、公平性的资源分配方案。

（3）有效整合资源

实际上，资源整合的主要目的就是要达到资源平衡。主要有两种方式：资源联合和资源平衡。资源联合包括：技术联合和产品联合。其中，技术联合可以让企业技术系统达到最优；资源联合可以提高企业各个职能部门的默契度。无论这两种方法中的哪种出了问题，都会使企业失去原有的市场。

## 5.懂点财务知识，轻松招人和用人

不管是大型企业还是中小企业，无论通过何种方式获得资金，都可以将企业资金看作是自己的钱。这意味着老板将担负着重大的财务风险。那么在使用财务人员上，就要严格把关，寻找到真正适合本企业的财务人员。然而，由于老板不懂财务，往往找到的财务人员都不太合适，有些财务人员比较懒，该做的不做，把账算完就完事；有些财务人员过于保守，做事不够开明，总是跟业务对着干；而有些财务人员太精明，公私不分，常常将财务工作当人情来做。总之，企业老板想找一个合适的财务人员并不容易，最后，老板不得不亲自来管理财务。

如果老板懂点财务知识，就会知道自己想要什么样的人才。在招聘财务人员时，就容易招到合适的人，也能监督和评价财务工作；还有利于发现更优秀的财务人员，并进行培养提升，委以重任；更有利于财务部门各项工作的顺利开展。所以，老板懂点财务，不但有利于招人和用人，还有利于财务工作的开展。

## 6. 懂点财务知识，利于企业长足发展

对于老板来说，与公司时下或以往工作成绩相比，他们更看重的是企业未来的发展趋势，而这一点，也正是所有投资者最关心的。所以，要想让自己的企业有长足发展，老板必须要懂点财务知识。

因为财务管理对企业会产生计划作用、控制作用、监督作用和资本运营作用。财务管理是一门综合性很强的管理，也是企业管理的中心。老板懂点财务管理，就能掌握到准确而真实的财务信息，进而有效控制风险，提高公司营运能力，保证企业再生产的顺利进行。同时，有了财务知识，老板便懂得如何积极筹集资金，如何合理安排和使用资金，从而不断提升企业创造利润的能力，保证了企业的长足发展。

总之，作为经营管理者，只有看得懂财务报表，懂点财务管理方面的基础知识，对财务有一个大致的了解，才能有效改善经营管理，做出科学的决策，确定好企业的发展目标，从而使企业健康地发展。

# 第二节
## 看准各个目标：老板财务管理要达到的目标

在企业经营管理中，财务管理是一个重要组成部分。运用科学的财务管理方式，可以提高企业整体经济效益。它是制定明确而合理的财务管理目标最关键的一步。企业财务管理的最终目的就是创造价值。在制定财务管理目标时，老板一定要根据自身实际情况和市场经济体制对企业财务管理做出相应的要求。

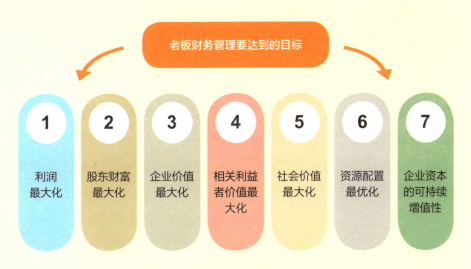

图1-3 老板财务管理要达到的目标

一般来说，财务管理目标具有导向、激励、凝聚和考核等作用。它具有层次性、多元性、相对稳定性和可操作性等特征。根据企业的投资目标类型，企业财务管理要达到的目标如下：

## 1. 利润最大化

利润是企业经营结果的体现。利润越多，说明企业创造财富越多，营运能力也越强。而利润最大化是所有企业老板和投资者投资企业的最终目的。为了实现这一目标，很多企业老板都会通过对财务活动和经营活动的管理，来增加企业利润，满足投资者的要求。

一般来说，在投资预期收益确定的情况下，如果老板能进行行之有效的财务管理，不仅可以帮助企业合理运作和管理资金，还能协调企业的经营战略，使财务管理行为朝着利于企业利润最大化的方向发展，最终实现这一目标。

## 2. 股东财富最大化

企业主要是由股东（老板）出资形成的，股东投资的目的就是获取最大的收益和更多的财富。他们是企业的所有者，所以，在企业发展过程中，追求股东财富最大化成了老板不可或缺的目标。而老板懂点财务，能看懂各种报表，特别是向股东报告的各种财务报表，还有相关的财务信息等，就可以知道如何更好地管理财务，可以更好地满足各股东对企业的要求，还能实现股东财富的最大化。特别对股份制企业来说，老板更要懂点财务管理的知识。

在股份制经济条件下，股东财富主要是由股东持有的股票数量和股票市场价格两方面决定的。在股票数量一定的条件下，若股票市场价格达到历史最高点，那么，股东财富也就达到最大化，即股票价格最大化。这种股份制企业的股东财富最大化的相关财务知识，也是老板应该掌握的。

与利润最大化目标相比，股东财富最大化的最大特点如下：

①股东财富最大化目标具有可计量性，老板可以利用股票市价来计量，便于对管理者的业绩考核和奖罚。

②股价会对风险做出比较敏感的反应，老板能够考虑到资金的时间价值和风险因素。

③在某种程度上，股票价格能够反映出现金流量的现值，这是因为当前利润或预期未来利润对股票价格都会产生不同的影响，老板可以有效避免企业在追求利润上的短期行为。

另外，当企业以追求财富最大化作为财富管理目标时，要看到其中存在的一些问题：

①一般只适用于上市公司，非上市公司难以应用，因为无法像上市公司一样随时都能获得精准的公司股价。

②它更多强调的是股东利益，对其他相关者的利益缺乏一定的重视。

③股价会受到企业外部因素或其他非正常因素的影响，由于受众因素太多，它不能完全准确地反映企业财务管理状况，比如：一些上市公司身处破产边缘，但因为某种机会，其股票价格仍还有继续走高的可能。

④它要求金融市场是有效的，因为当股票分散和信息不对称时，一些管理者极有可能会以损失股东的利益来实现自身利益的最大化。

| 股东财富最大化的特点 | 股东财富最大化的不足 |
| --- | --- |
| ①股东财富最大化目标具有可计量性。②股价会对风险做出比较敏感的反应。③在某种程度上，股票价格能够反映出现金流量的现值。 | ①一般只适用于上市公司。②它更多强调的是股东利益。③股价会受到企业外部因素或其他非正常因素的影响。④它要求金融市场是有效的。 |

图1-4　股东财富最大化的特点与不足

### 3.企业价值最大化

企业价值指的就是企业的市场价值，是企业预计未来能够创造现金流量的现值，而企业价值最大化主要是指通过财务上的合理经营，采用最佳的财务政策，利用资金的时间价值和风险与报酬的关系，将企业长期稳定发展放在第一位。同时，在企业价值增长过程中，管理者要正确处理各种利益关系，最大限度地满足企业所有者的利益，为他们带来获得股利和出售股权换取现金的机会，不断增加财富，从而实现企业总价值最大化。

与股东财富最大化相比，企业价值最大化主要是将企业相关者利益主体糅合成一个唯一的主体，在此基础上，增加利益相关者的投资价值。然而，在企业价值的评估上，评估的标准和方式具有较大的主观性，股价是否能够做到客观和准确，都会直接影响企业价值的确定，这就是企业价值最大化的主要问题所在。

如果老板以企业价值最大化为财务管理目标，将能获得企业潜在的或预期的获利能力和成长能力，主要体现在以下几点：

①反映了对企业资产保值增值的要求；

②考虑了资金的时间价值和投资的风险；

③避免了财务管理上的片面性和短期行为；

④对社会资源合理配置有利。

不过，值得各位老板注意的是，企业价值的确定有点困难，尤其是对于非上市公司。

### 4.相关利益者价值最大化

企业是一个多边企业的结合体，不仅是由股东或单一利益相关者构成，还是由所有利益相关者通过契约关系组成，换句话说，企业是很多冲突目标通过合约关系来实现均衡的一个结合点，对众多利益相关者的专用性资源进行组合，从而获取自身生产无法达到的合作盈余和组织租金。

在企业中，利益相关者是真正拥有某种形式的投资并处于风险中的人，其中包括：股东、经营者、员工、债权人、顾客、供应商、竞争者以及国家。在合作过程中，由于各产权主体向企业提供了专有性资源并承担了企业的经营风险，所以，他们有权获得相对独立于其他利益相关者的自身利益。

在企业中，若老板满足了以股东为首的各利益群体的利益，就能较好地兼顾各利益主体的利益，从而践行利益共享的原则，这不但体现了合作共赢的价值理念，有利于实现企业经济效益和社会效益的统一，还体现了前瞻性和可操作性的统一，有利于企业长期稳定发展。

## 5. 社会价值最大化

社会价值最大化是现代企业追求的基本目标，它兼容了时间性、风险性和可持续发展等重要因素，体现了经济效益和社会效益的统一。在追求企业经济效益最大化的同时，社会价值最大化会使预期利益相关者得到协调发展，从而使社会责任和经济效益之间形成一种良性循环的关系。

由于企业的主体具有多元性，所以它会涉及社会各方面的利益。如果老板想要实现企业目标，就不能仅从企业本身去考察，还要从企业所从属的社会系统进行规范。在激烈的市场竞争中，企业想要在夹缝中求生存，获取一席之地，就要与周围环境保持和谐，比如：与政府或员工的关系等。另外，企业需要承担一定的社会责任，比如：讲究诚信、解决社会就业以及搞好社区建设等。

## 6. 资源配置最优化

企业的资本配置指的是企业资本在不同来源、不同用途之间的组合运用，比如：如何搭配长期债务与短期债务的比例才最有利于企业发展，这与企业财务活动是密不可分的。企业的资本配置是否合理，会直接影响企业的发展。如果老板不善于利用企业资本或利用不好，都会造成企业在短时间内盈利非常缓慢，所以，企业财务管理目标应该包含如何才能促使企业的资本配置达到最佳效果。而老板想要实现这一目标，就要做到：快速积累资源、合理分配资源、有效整合资源。

## 7. 企业资本的可持续增值性

一般来说，企业投资目标的理性决策依据就是企业资本的可持续增值性，老板可以通过了解并分析企业的经营情况，大致评估一下企业是否达到了财务管理目标，以及企业财务管理的水平如何。

以上就是老板要达到的几项目标，不过，对于老板来说，不可能在同一时期将所有财务管理目标都实现，但只要老板根据企业的实际情况和市场环境，合理地制定财务管理目标，就一定能从整体上提高企业的经济效益，为其创造更多的价值。

## 第三节
## 你是老板，不是财务：老板管理财务的基本原则

财务管理的基本原则是从企业财务管理实践经验中总结出来的。它是用来指导财务活动、处理财务关系的行为准则。它体现出财务管理的基本要求，所以，不管是财务管理理论界还是实务界，应有最基本的认同。然而，事实并非如此，正所谓仁者见仁，智者见智，各有各的看法。本节通过对各种观点进行评析，探求其本质，希望老板能对财务管理基本原则有个大致的了解。

老板管理财务的基本原则

图1-5　你是老板，不是财务

财务管理作为一门应用学科，它有自己的理论和规律性，根据构成其理论和方法主要有以下九项基本要点：

### 1. 风险与收益对称，额外风险需要额外收益补偿

在现实生活中，有些人愿意放弃现在的消费选择以低风险的银行储蓄进行投资，从中获得微薄的回报；而更多人为了得到更高的投资回报，比较热衷于投资风险高的项目。作为老板，应该怎样投资呢？不同项目，投资的风险与收益也是不相同的。低风险低报酬，高风险高报酬，风险与收益是对称的。额外的风险应该由额外的收益进行补偿，这也是企业债券利率高于政府

13

债券的主要原因。

投资者愿意放弃现在的消费而去投资，会要求比预期的通货膨胀率更高的收益率，否则他们就会提前购买暂不需要的产品或投资那些可以保值增值的资产。归根究底是由于风险与收益的对称性。

## 2. 货币的时间价值

货币具有时间价值是财务管理中最基本的观念。但并不代表所有的货币都具有时间价值，只有被作为资本投入生产流通时，货币才具有了真正的价值。在经济学里，货币时间价值是用机会成本表示的，当老板运用货币时间价值观念时，可以将项目未来的成本和收益以现值表示，如果收益现值高于成本现值，该项目可以接受，反之老板就必须要拒绝。

此外，如果老板想将企业未来收益和成本折现，必须确定货币机会成本的大小或利率高低。只有先权衡风险后，才能确定具体的利率，所以，风险投资的收益高于无风险投资的收益是理所当然的事。不过，老板将货币存入银行的风险肯定低于购买股票的风险，所以，股票投资收益率高于存款收益率在所难免。

## 3. 现金流量能够衡量企业价值

现金流量是企业收到并将其进行循环投资的现金，而会计利润由于是按照权责发生制核算的，所以它不是手头可用资金，而是公司赚取的收益。通常，公司的现金流和会计利润不是同时发生的，现金流反映了企业收支的真实发生时间，所以，它比会计利润更能衡量公司价值。

## 4. 只有增量现金流才是相关的

企业拥有的现金流并非全部都是增量。这里的增量现金流主要指新项目产生的现金流与原项目现金流之间的差额。在一定程度上，它将直接反映老板做出的决策对企业产生的真实影响。不过，老板拥有的增量观念不能仅局限于现金流，还要从增量角度来考察该决策产生的一系列影响，比如：收入、成本等。

## 5.在竞争市场中，高利润的项目不可能长久存在

财务管理的目标是要为企业创造更多的财富。所以，在进行投资评估和决策时，老板就应该将重点放在预测现金流量上，先确定企业投资项目的收益，再评估新的投资项目的价值。

图1-6 如何打造高利润项目

在如此激烈的竞争市场上，高利润的项目是不可能长期存在的。那么，在这种情况下，如果老板能从中发现一些收益高于平均收益率的项目就显得十分关键。由于市场竞争十分激烈，这无形中增加了发现的难度，但老板依然可以采取以下措施来增加企业的市场竞争力：

（1）使自己的产品具有独特性。无论产品的独特性是源于广告还是服

15

务，只要企业的产品与同类产品有很明显的区别，老板就可以抬高产品价格来增加利润。一般来说，本企业的产品与同类产品的区别越大，核心竞争力就越强，获取高利润的可能性就越大。

（2）降低产品成本。随着移动互联网时代的到来，创业的门槛有所降低，市场上随即涌入一批新厂家，老板如果想要阻止他们的进入，减少竞争压力，唯一的方法就是发展规模经济，并使成本低廉，这样才能轻松获得较高的利润。

## 6. 市场灵活和价格合理就是有效的资本市场

市场灵活、价格合理，老板才能实现财务管理的目标——股东财富最大化。市场是否有效，老板可以观察一下反映到证券价格中的信息。这是因为在利润的驱动下，大量独立行为的投资者可以组成一个有效的市场，一旦与证券价格相关的信息出现在市场上，投资者就能立即对出现的信息做出相应的反应——决定购买还是出售证券。

在有效资本市场上，如果信息能够快速反馈到价格中去，投资者就很难从公开信息中获利。只有当投资者确认证券价格能够充分反映出公司预期的利润和风险，也就是反映了公司真实的价值时，他才能真正理性地选择投资，而这样的资本市场才是真正有效的。

## 7. 经理、债权人与所有者的利益不一致，导致代理问题

如果老板将公司的所有权与经营权进行分离，那么公司内就不可避免地会出现代理问题。这样就会出现经理、债权人与所有者的利益不一致的现象。这是因为有些经理总为自身利益着想，而不是为实现股东财富价值最大化着想。比如：由于经理们考虑更多的是个人晋升、收入的增加等个人利益，所以他们比较热衷于扩大投资规模。而他们的收入因受到公司的规模、

销售额、员工数等各方面的影响，故有可能没有任何增加。

那么，有些老板就会想到要解雇这些经理，但实际上他们却又不敢这样做。因为在选举董事会时，董事会将此重任交给管理人员，由管理人员提出董事会的人选，最

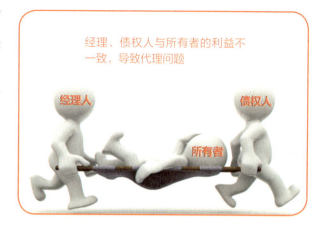

经理、债权人与所有者的利益不一致，导致代理问题

经理人　债权人　所有者

图1-7　经理、债权人与所有者的利益不一致导致代理问题

后，拥有票数最多的那位胜出。所以，最终的结果是管理人员选择了董事。这样，这些董事便更关注管理人的利益而不是股东利益，由此而出现代理问题。很多时候，股东为了让彼此的利益保持一致，就会花大量时间来监督管理人员的行为，通过对财务报表和管理人员工资的审计来进行对管理人员的监督；同时，将管理人员的奖金和他们做出的决策与股东利益相结合去考虑，也能有效解决这个问题。

## 8.纳税影响业务决策

当老板对新项目进行评价时，一定要考虑纳税因素，在税后的基础上，对投资收益进行衡量。不过，不同的税种对公司的财务结构的影响也是不同的，比如：债务融资所支出的利息可以在所得税前抵扣，这样可以有效减免公司一部分的所得税；而股票的股利是在所得税后列支，这样就不能抵减公司部分所得税。这就是为什么债务融资要比股票融资好的原因。

## 9.风险是有不同类别的

风险与收益的权衡是财务管理的重点之一。风险与收益必须是对称的。

但由于风险类别的不同，所以，有些风险是可以分散消除的，而有些风险却不能。也就是说，风险能分散或消除是指将好与不好的事件进行抵消，对公司预期收益不会产生任何影响，还能降低整体的不确定性；反之不能。

　　财务管理是企业财富创造的一门重要学科，老板要想在激烈的市场竞争中占有一席之地，就必须要加强财务管理，为企业创造更多的财富，提高企业的工作效率。要想达成这一目的，老板就必须要对财务管理的基本原则进行研究与分析。当老板掌握了财务管理的基本原则时，就能更好地管理财务，实现企业的财务目标。

# 第四节
## 老板管理财务都要分析哪些内容

　　财务是企业的"晴雨表"，更是老板的"听诊器"。对一个企业老板来说，要想让企业获得进一步的发展，首先就必须对企业的财务状况进行分析。那么，老板进行财务分析时，都应着重分析哪些内容呢？

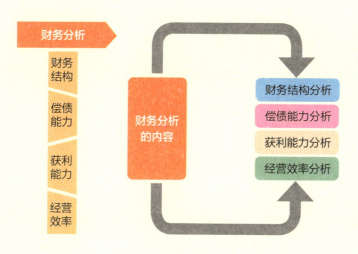

图1-8  老板管理财务都要分析哪些内容

### 1.财务结构分析

　　财务结构分析主要是通过现金流量结构分析、流动性分析、获取现金能力分析、财务弹性分析、收益质量分析等几个方面，老板能够从中正确分析出企业资金流动的实际情况、投融资能力和财务弹性。

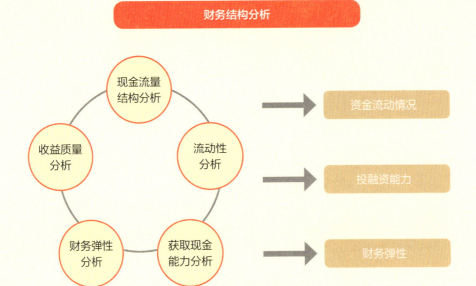

图1-9  财务结构分析

**（1）现金流量的结构分析**

现金流量结构分析是指在同一时期现金流量表中，老板可以通过对不同项目进行比较与分析，从而判断出企业现金流入的主要途径和现金流出的方向，从而评估出现金流入流出对净现金流量的影响。其计算公式如下：

现金流量结构比率=单项现金流入（出）量/现金流入量总额×100%

在分析内容上，现金收入结构、现金支出结构和现金余额结构构成了现金流量结构分析的三个最为重要的方面。具体如下：

①收入结构分析。

现金收入结构分析非常直观地反映出企业各项业务活动的现金收入状况。比如：经营活动的现金收入、筹投活动现金收入等所占全部现金收入的比例，以及各项活动报告现金收入中某项业务的构成情况，还能够明确现金的主要来源以及增加现金收入的缘由。

②现金支出结构分析。

现金支出结构指的是企业各项现金支出与当期全部现金支出之间的比率，它能够直观、具体地反映出企业的资金主要用于哪些方面。

③现金余额结构分析。

现金余额结构分析是指企业的各项业务活动，其现金的收支净额占全部现金余额的百分比，它能够反映企业现金余额的具体构成。

通过分析现金流入的结构，老板不但可以了解企业获得现金收入的主要来源，还能评估企业获得现金能力的大小，从而评价出现金收入的质量。从现金流出的结构，老板不但能够了解到企业现金支出的去向，还能判断出企业的理财水平和策略。

### （2）流动性分析

流动性分析指的是对企业资金使用效率进行分析。即从企业资金的循环和周转中，反映出企业的共赢、生产和销售等各经营环节的运行效率。一般来说，效率越高，资金周越转快，效益就越好，反之则说明资金周转慢，效益比较差。如果从这个角度来看，流动性分析其实就是对企业经营效率的分析。

当老板进行流动性分析时，可从综合分析和单项分析两方面来进行。进行综合分析时，老板一定要根据企业财务报表，对企业资金占用情况进行分析。比如：将企业当期的各项资本周转与前期进行比较，老板便能从中了解企业资金的运用情况，然后再选择重点进行单项分析，比如，选择流动资金和固定资金分别进行单项分析。

### （3）获取现金能力分析

获取现金能力分析指的是在企业经营活动中，现金流量净额与投入资源之间的比率。其中，投入资源可以是销售收入、资产总额或净资产等，它能够反映企业当期经营活动中获取现金的能力。一般来说，获取现金能力比率越高，表示企业获取现金的能力越强。

### （4）财务弹性分析

财务弹性分析指的是分析企业是否能够适应市场经济变化以及利用可进行投资机会的能力，这种能力主要是将企业的现金流量和支付现金需要进行比较。当现金流量超过支付现金需要时，企业就有多余的现金，说明企业适应能力比较强，财务弹性很大；反之则企业适应性比较弱，财务弹性很小。

一般来说，老板在进行财务弹性分析时，可以从以下几个指标进行：

①现金股利保障倍数。

现金股利保障倍数=每股营业现金净流入/每股现金股利×100%

②经营现金流量比率。

经营现金流量比率=经营活动现金净流量/（筹资现金流出+投资现金流出）×100%

③资本购置比率。

资本购置比率=经营活动现金净流量/资本支出×100%

④再投资现金比率。

再投资现金比率=经营活动现金净流量/（固定资产+长期证券投资+其他资产+营运资金）×100%

### （5）收益质量分析

收益质量分析是通过计算并分析会计收益和现金净流量的比率，以此来评价收益质量如何，其中营运指数是最主要的指标。由于收益质量分析是靠老板的个人主观意识去判断的过程，所以，收益质量分析判断的正确性就与老板的个人经验、能力、风险偏好有直接的联系。老板在对企业整体进行评价时，一定要将财务报表和企业的整体环境相结合，并根据企业的实际情况，灵活运用各种分析指标，做出正确的评价。

通过财务结构分析，老板可以更进一步明确以下两点：

①公司实际掌握股份是多少；

②自己赚取的钱有多少被投放在再生产之中。

## 2. 偿债能力分析

偿债能力是指企业按期偿还债务的能力，主要分为短期偿债能力和长期偿债能力两个方面。对于企业来说，在日常经营活动中，如果企业出现营运资金不足的情况，短期债务就是解决这一问题的重要来源。老板可以通过分析企业的偿债能力来正确评估企业短期资金的营运能力以及企业营运资金的周转情况。

老板在进行偿债能力分析时，可以具体从以下两个方面来进行：

（1）短期偿债能力

短期偿债能力是指企业能在短期内偿还债务的能力，这种能力会直接影响企业的秩序和竞争力，很多企业陷入次贷危机几乎都是因为短期偿还能力弱，这个因素甚至会导致企业破产。如果企业想要达到流动平衡，就不能靠变卖长期资产来偿还，而是要利用流动资产来偿还流动负债。一般来说，老板想要分析企业的短期偿债能力，可以通过以下分析比率来进行：

①流动比率=流动资产/流动负债×100%。

②速动比率=速动资产/流动负债×100%。

③现金比率=（现金+银行存款+现金当量）/流动负债×100%。

（2）长期偿债能力

长期偿债能力是指企业偿还长期债务（包括本金和利息）的能力，一般来说，企业主要是为了长期发展而进行长期负债。如果老板长期负债是为了投资，投资的效益最好是能够将本金和利息一并进行偿还。

如果老板想衡量一下自己企业的长期负债能力，可以通过资产负债率和利息收入倍数这两项指标进行：

①资产负债率=负债总额/资产总额×100%。

②利息收入倍数=经营利润/利息费用=（净利润+所得税+利息费用）/利息费用。

通过对企业长期偿债能力的分析，老板不仅能够了解到企业的经营状况，而且能提升企业融通资金的能力。由此可见，长期负债不仅是组成企业资本化资金中非常重要的一个部分，还是企业进行融资的一种重要途径。单从债权人的角度来看，老板通过偿债能力分析，不仅可以了解到企业贷款是否真的安全，而且能够保证债务本息如期地足额偿还。

进行偿债能力分析时，需要搞清楚下图中的几个问题：

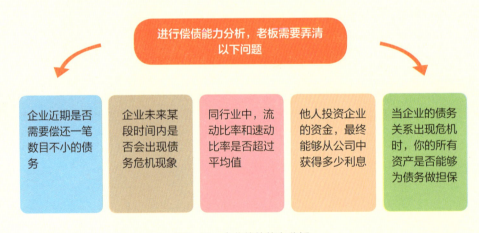

图1-10　企业偿债能力分析

## 3. 获利能力分析

获利能力分析是指老板通过结合资产、负债、所有者权益与经营成果等各方面，来全面分析企业的各项报酬率指标，可从不同角度评估企业的获利能力。

　　获利能力能够反映一个企业获取利润的能力。一般来说，企业的获利能力越强，则代表回报给投资人的利润就越高，企业价值也就越大。同时，获利能力强，不但加快了资金转换速度，还加强了企业的偿债能力。反映企业获利能力的比率指标有很多，比如：毛利率和净利率、总资产报酬率等。

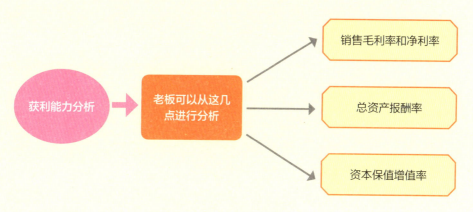

图1-11　企业获利能力分析

　　具体分析如下：

　　（1）销售毛利率和净利率

　　①销售毛利率。

　　销售利率是销售收入净额与销售成本的差额，主要指的是企业在获得所有利润时，没有进行任何分流的状态。而毛利率指的就是销售毛利与销售收入净额之间的比率，其计算公式如下：

　　销售毛利率=（主营业务收入-主营业务成本）/销售收入净额×100%

　　②销售净利率。

　　销售净利率指的是企业净利润与销售收入净额之间的比率，它表示企业在一定时期内每月销售收入净额获取利润的能力，具体计算公式如下：

销售净利润率=净利润/销售收入净额×100%

### （2）总资产报酬率

总资产报酬率指的是在一定时期内，企业获得的全部报酬总额与资产平均总额之间的对比关系。它能够反映企业全部资产的总体获利能力，可用来评估企业总资产的总获利能力，是评估企业资产运营效益的重要指标。其具体计算公式如下：

总资产报酬率=（利润总额+利息支出）/平均资产总额×100%

### （3）资本保值增值率

资本保值增值率是反映企业资本运营效益与安全状况的指标。是评估企业经济效益的一项重要指标。具体计算公式如下：

资本保值增值率=（年初所有者权益+年末利润）/年初所有者权益×100%=扣除其他因素后的年末所有者权益/年初所有者权益×100%

不难看出，资本保值增值率反映的是企业投入资本后，在一定时期内，资本实质性的增减变动情况的指标。它是评估企业财务效益状况的一项辅助指标。它反映了投资者将自己的资本投入该企业后是否能够增值。该指标越高，则表示企业资本的安全性越好，投资者的收益率越高，债权人的债务的保障性越高，企业的后期发展就越强。反之，就越低。只有在资本保值增值率高的情况下，债权人和投资者才会愿意将自己更多的资金投入进去。

### 4.经营效率分析

经营效率分析是指通过计算企业资金周转的速度，来分析企业资产利用的效率，从而评估出老板管理水平和资产运用能力，这是未来财务发展的基础。老板在进行经营效率分析时，可以从应收款项周转率、存货周转率、固定资产周转率等方面进行。

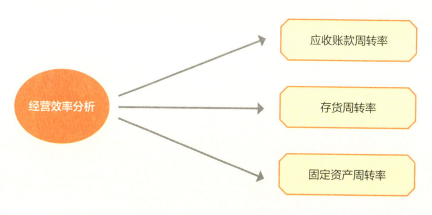

图1-12　企业经营效率分析

具体如下：

### （1）应收账款周转率

应收账款周转率就是财务系统所显示的应收款项周转次数，指的是在一定时期内企业的主营业务收入净额和平均应收款项余额之间的对比关系，能够充分反映出应收款项周转速度的情况。

其具体的计算公式如下：

应收账款周转天数=360/应收账款周转率=（平均应收账款×360）/主营业务收入净额

应收账款周转率是能够反映应收账款变现速度快慢的指标。一般来说，周转率越高，收回账款的速度就越快，账龄越短，资产的流动性就越强，短期偿债能力也越强。这样，老板就能够有效减少企业的收账费用和坏账损失，从而实现增加流动资产对外投资的目的。同时，老板还可以借助应收账款项与企业信用期限进行比较，从信誉的角度来评价企业以及企业原定的信用条件是否合理。不过，老板在评价企业应收款项周转率是否合理时，不能总看数字。因为各行业间的差别很大，所以，老板一定要根据同行业的平均水平来判定。

### （2）存货周转率

存货周转率是指在某段时间内企业的主营业务成本与存货平均余额之间的对比关系，也可以称为存货周转次数。它是反映企业的存货周转率速度和销售商品能力的一项指标，同时，也是衡量企业存货效率的一项综合性指标。

其计算公式如下：

存货周转率=营业成本/平均存货×100%

存货周转率是可以直接反映企业存货周转速度的指标。一般来说，存货周转率高，则表示企业采购、生产、销售等环节管理工作状况良好。

### （3）固定资产周转率

固定资产周转率是指在一定时期内的企业销售收入净额与固定资产平均净值之间的对比关系。它反映了企业固定资产周转的实际情况，是评估固定资产使用效率的一项指标。

其具体计算公式如下：

固定资产周转率=销售收入净额/固定资产平均净值×100%

一般来说，固定资产周转率的高低，不仅能够表明企业是否充分利用了固定资产，还能表明企业固定资产投资是否得当，是否制定出了合理的资产预算方案。所以，如果企业的固定资产周转率比较低，就代表固定资产利用率低，所提供的生产成果很少，企业的营运能力差。

另外，在实际分析该指标时，老板应该注意剔除一些外部因素，比如：固定资产的净值会随着折旧率的升高而减少；增加固定资产，净值也会随之增加。

## 第五节
## 你是老板你怕谁：老板经常遇到的财务难题

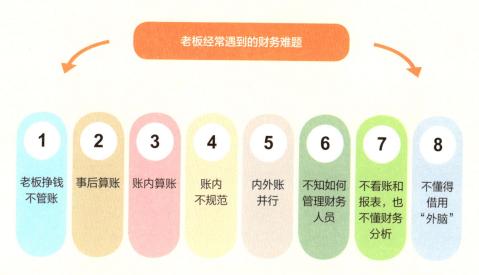

图1-13　老板经常遇到的财务难题

財务管理对企业的影响是非常巨大的，从某种程度上来看，财务管理将直接决定企业的成败。对于老板来说，财务隐患是众多企业老板走向失败的主要因素。这种隐患就像一把达摩克利斯之剑，随时悬在各位老板的头上，而有些善于利用财务这把"利剑"的老板，由于对财务管理比较重视，所以能够从激烈的市场竞争中生存下来，并取得成功。

实际上，不管大企业还是中小企业都存在不同程度的财务问题，其中最为突出的就是财务管理的混乱，具体表现有：投融资决策盲目、内部财务控制不力、账目不规范，等等。其实，不难看出，除环境因素外，老板对财务管理不了解、不重视、以错误的思想指导财务管理是其最根本的原因所在。老板们在财务上的问题可以归结为以下八个方面：

### 1. 老板挣钱不管账

很多老板一定会对此问题感到困惑：企业是盈利的机器，老板的职能就是组织社会资源实现资本增值，即赚取利润。赚取利润就离不开账，老板怎么会不管账呢？但不可否认的是，很多老板确实不管账，而是将此重任交给他人。结果，老板根本不清楚自己账上有多少钱。甚至有些老板总是根据自己积累的经验，错误地认为企业效益主要是依靠业务做出来的，而不是由财务管理管出来的。所以，他们总是惯用业务管理的思路和方法去管理财务。结果可想而知，财务方面出现了不可弥补的漏洞。

### 2. 事后算账

有些老板整日都忙于生产和经营。对生产、策划、研发等非常重视，对财务管理却极不重视，能推就推，根本不重视事前管理和事中控制，忽视财务信息对企业生产经营活动的作用。到了年终时，才去查看自己企业的财务账目，结果发现，工商年检、税务稽查都没有通过。这时，老板才开始着急了，到处请人帮忙，这就是事后算账的结果。

### 3. 账内算账

在财务上，有不少老板算账很精明，即便自己不做账，财务人员做得也非常专业。但是，到了年终，老板一看企业账上利润颇高，需要缴纳较多所得税。这时，老板和财务人员最先想到的就是如何增加成本，降低利润，减少税赋。于是，他们开始四处找票增加成本，这就是账内算账的思路。

对于企业来说，由于账内避税空间有限，属于小打小闹。就想出账内偷税的做法，后果不堪设想。所以，老板进行账内算账，不仅无法达到企业合理逃税的目的，而且也解决不了真正的难题，还会受到法律的制裁，实在是得不偿失。各位老板一定要引以为戒。

## 4.账内不规范

　　一般来说，专业的财务人员对会计法、税法等基本的法律法规和会计准则的要求十分了解，但老板却不一定懂得这些法律的规范要求，他们总是让财务人员按照自己的想法做账，最后，账目不规范就成了老板心中的一块心病。老板觉得账拿不出手，不敢让别人看，也不敢让人查。但是，有句话是这样说的，"丑媳妇早晚得见公婆"，政府的税务部门和工商部门是专门管理企业的账目的。通常，工商部门每年都会进行一次检查，而税务部门每个月都会要求企业报一次税，这就等同于一次检查。所以，不管企业账内规范与否，它都无法回避这两个部门的检查。

## 5.内外账并行

　　在财务管理方面，有一个很不错的理念就是"高手做账只用一套"，相信不少老板开始忍不住争议起来："只用一套账本怎么能行呢？如果只做一套账，企业销售中的回扣怎么办？白条怎么办？小金库的钱往哪儿放？"他们错误地认为一套账不行，两套账并行，做三套账应该没有问题。这就反映了企业普遍存在两套账或多套账并行的问题，从侧面也反映出很多老板在财务管理指导思想上的混乱。

　　其实，内外账并行在很多企业中非常普遍，也是企业财务管理中的普遍问题。对于这个问题，老板一定要明白，处理财务问题时，不能把两套账作为解决问题的办法，这并不是企业最佳的选择。

## 6.不知如何管理财务人员

由于财务人员是专业人士，而大多数老板根本就不懂财务。这就导致老板无法很好地驾驭财务人员。非专业的老板怎样管理专业的财务人员，这就成为众多企业面临的难题之一。实际上，有些老板由于拥有企业的所有权，所以就会错误地认为财务人员必须要服从他的意愿。另外，管理制度不到位也是一个财务问题，在关键环节上，老板不能对财务人员进行有效制约。也就是说，老板管人管不到点子上，进而导致在整个管理中对财务人员管理上的失控。

## 7.不看账和报表，也不懂财务分析

虽然很多老板每个月都会让财务人员按时上交财务报表，但他们大多是随便看看或者根本不看。之所以这样，是因为他们不知道如何看账和报表，更不知道怎么解读财务报表。其实，财务管理已渗透到企业管理的方方面面，对企业发展有着非常重要的作用。尤其是当企业经营发展到一定阶段后，老板们就不能再偷懒，而要自己主动去学习并掌握一些财务管理方面的知识。这样，财务一旦出现问题，老板就不至于被"蒙在鼓里"，失去及时发现并解决财务问题、化解财务风险的良机。

## 8.不懂得借用"外脑"

当企业发展到一定程度时，内部现有的财务人员的素质显然已达不到企业发展的要求。在企业赚取业务利润的过程中，财务人员也许还能勉强应对，但在企业通过资本运作来赚取资本利润的过程中，他们就会不知所措了。这时，遇到这种问题该怎么办？企业就需要学会借用"外脑"，邀请一些财务管理专家来解决问题。

然而，很多老板根本就不重视财务管理专家的作用。即使他们将这些财务专家请来了，也不知道怎么跟财务管理专家沟通，不知道如何借用财务管理专家的智慧来解决问题，结果，财务问题还是没有解决好。

总之，老板在财务管理上存在着诸多严重的问题，这些问题总体可以归纳为：

①在财务管理上，老板对其重要性认识不够；

②缺乏最基本的财务管理知识；

③缺乏科学的财务管理的指导思想；

④采纳的财务管理方法不够先进；

⑤不会选拔和使用财务管理人员。

如果老板想要解决这些问题，就要学会从企业的全局思考财务问题，将财务管理和企业管理有机地结合起来，同时，做到账前消化、账外运筹、账内规范、一账统领，只有这样才能行之有效地解决老板的财务管理难题。

# 第二章

## 财务报表：看不懂报表，如何管财务

财务报表是老板掌握企业财务状况、进行相关决策、做好财务管理工作的有效工具，也是制定业务目标、调整企业运营方向的重要依据。只有通过财务报表中的相关数据，老板才能发现企业的"财务秘密"。

# 第一节
## 从报表看企业：数字背后的秘密

在企业经营管理中，为了能够更好地做出相关决策，老板需要及时了解和掌握企业的相关财务情况。对此，有两种方式：一是听取财务人员的汇报；二是查看财务报表，得到更多自己想要的信息。

财务报表是会计提供的一种用来反映会计主体财务状况和经营的报表。一般情况下，一份完整的财务报表至少应当包括资产负债表、利润表、现金流量表、财务状况变动表、所有者权益变动表以及附注。财务报表是财务报告的主要部分，在财务报表中隐藏着企业很多的问题和机密。对于老板来说，通过对财务报表中的数据进行分析和研究，能够很快挖掘出其背后所代表的秘密和商业价值。

老板查看财务报表的过程，实际上就是对企业相关财务进行分析的过程。如果老板想要了解情况，只要查看财务报表，那么就能够有的放矢地去抓取相关信息。一般情况下，通过财务报表及其相关数据，老板能够获得企业四大能力信息：企业短期偿债能力、企业长期偿债能力、企业经营管理能力和企业获利能力。下面我们就从这四个方面进行介绍：

### 1. 资产负债表——企业短期偿债能力

关键指标：流动比率（流动比率=流动资产/流动负债）。

此指标用来衡量企业流动资产在短期债务到期以前，可以变为现金用于偿还负债的能力，它反映了企业偿付短期负债的能力。对于企业来说，如果流动比率过高，则表明企业资产利用率低下，管理松懈，流动资金没有得到充分利用；同时也表明企业过于保守，没有将自己的借款能力充分使用出来；而流动比率过低的话，则表明企业的短期负债偿付能力较弱，有着较大的财务风险。

西方财务管理界人士研究发现，对于大部分企业来说，流动比率为"2"时，是最为有合适的。因为它表示流动资产是流动负债的两倍，这样即使流动资产有一半在短期内不能变现，也能保证全部的流动负债得到偿还。

## 2. 资产负债表——企业长期偿债能力

关键指标：已获利息倍数（已获利息倍数=息税前利润/利息总额）。

这一指标反映的是企业在缴纳所得税以及支付利息之前的利润和利息支出的关系。实际上企业在缴纳所得税和支付利息前的利润，才真正属于能支付利息的利润。这一比率计算出来后，能够实现两个目的：一是可以将每年的营运利润看作是偿债基金的主要来源；二是一旦该比率降低，便可预警企业出现了支付债务利息的资金困难的问题。

## 3. 资产负债表和损益表——企业经营管理能力

关键指标：应收账款周转率（应收账款周转率=销售收入净额/应收账款平均余额）。

这一比率反映了年度内应收账款转变为现金的平均次数，体现出了应收账款的流动速度。这一比率的分子和分母应当口径相同，应为同时期的指标，以此来计算该时期的平均余额（未扣除坏账准备金）。

一般来说，应收账款周转率越高，则代表平均收账期越短，说明应收账款收回就越快；否则，容易导致企业的运营资金过多地呆滞在应收账款上，最终会影响到流动资金的正常周转。

影响这一指标的因素有：大量使用现金结算的销售，大量使用分期付款方式销售。季节性经营的企业不能通过这一指标反映实际情况，即年末大量销售或年末销售大幅下降。总之，老板需要结合本企业前期指标、行业平均水平等，对该指标进行比较分析。

## 4.资产负债表和损益表——企业获利能力

关键指标：销售净利率（销售净利率＝（净利/销售收入）×100％）。

该指标反映的是每一元销售收入所产生的净利润，体现了销售收入的收益水平。在这一指标中，净利额与销售净利率成正比关系，而销售收入额与销售净利率成反比关系。因此，为了能够保证销售净利率保持不变或者有所提高，企业在增加销售收入额的同时，务必要相应地获得更多的净利润。通过分析销售净利率的变化情况，可以帮助老板在扩大销售的同时，注意企业经营管理方面的改进，以此提高盈利水平。

当然，企业相关能力的升降是由多种因素综合作用的结果，在这里每一种企业的相关能力只是列举了一项关键指标。在企业财务报表中，能够反映企业相关能力的指标还有很多，这需要老板结合各种报表和指标对企业经营状况进行综合考虑和分析。用这种办法，可以找到企业总体实力变动的根源，从而做出正确的决策，使企业健康发展。

## 第二节
## 报表是怎样编制出来的

对于企业财务管理工作来说，财务报表发挥的重要作用不言而喻，它——清楚地反映企业的财务状况，为老板的决策提供重要的参考依据。一份完整有序、条理清晰的财务报表对于老板的财务管理工作来说，颇有裨益。因此，对于老板来说，有必要了解一下报表是如何编制出来的。

财务报表的编制是指根据账簿记录，按照规定的表格形式，将企业各个部门在一定期间的经济活动过程和结果集中反映出来的专门方法。编制财务报表，能够为企业的管理当局以及相关经济利益体提供所需要的信息。那么，财务报表到底是如何编制出来的呢？

### 1. 准备工作

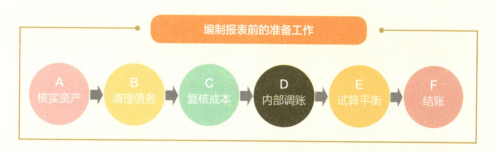

图2-1　编制报表前的准备工作

为了保证报表的质量，相关人员在编制报表前需要做一番充分的准备工作，主要包括：核实资产、清理债务、复核成本、内部调账、试算平衡及结账。

**（1）核实资产**

核实资产是编制报表前的一项重要基础工作，核实资产的工作量很大，主要包括：

①清点现金和应收票据。

②核对银行存款，编制银行存款余额调节表。

③与购货人核对应收账款。

④与供货人核对预付账款。

⑤与其他债务人核对其他应收款项。

⑥清查各项存货。

⑦检查各项投资的回收和利润分配情况。

⑧清查各项固定资产和在建工程。

在对以上各项资产进行核实的过程中，如果发现存在与账面记录不相符的情况，应当先转入"待处理财产损溢"账户中，等到查明原因后，再按规定对其进行报批处理。

**（2）清理债务**

经营企业，难免要与外部企事业单位有经济上的往来，在往来中所形成的债务也要进行及时处理或认真清理；及时偿还已经到期的负债，进而使企业的信誉不受损失和影响。尤其是千万不要拖欠税款；注意其他应付款中是否存在不正常的款项。

**（3）复核成本**

编制报表前，要对各项生产、销售项目的成本结转情况进行认真复核。查看是否有少转、多转、漏转、错转成本的现象，这些都对企业盈亏的真实性产生着直接影响，并且由此会产生一系列的严重后果，如多交税金、多分利润，使企业资产流失等。

## （4）内部调账

在编制报表之前，内部调账（转账）是其中一项很细致的准备工作。主要有以下几点：

①提坏账准备，应按规定比例计算本期坏账准备，并及时调整入账。

②摊销待摊费用，凡本期负担的待摊费用应在本期摊销。

③摊销各项无形资产和递延资产。

④计提固定资产折旧。

⑤实行工效挂钩的企业，按规定计提"应付职工工资"。

⑥按权责发生制原则及有关规定，预提利息和费用。

⑦对于转销经批准的"待处理财产损溢"，企业的财务部门要及时提出处理意见，并上报企业上级领导进行审批，不能长期挂账。

⑧对于外币业务的企业，要计算汇兑损益，并对有关外币账户进行调整。

## （5）试算平衡

当以上准备工作完成后，还应当再做一次试算平衡，进而对账务处理进行检查，避免错误。

## （6）结账

试算平衡后的结账工作主要有以下几项：

①损益类账户要全部转入"本年利润"账户。

②"本年利润"账户所产生的本年税后净利润或亏损要转入"利润分配"账户。

③在对利润进行分配后，编制年终决算报表。

当然，上面所提到的这些准备工作往往都是同时交叉进行的。目前大部分企业都实现了会计电算化的转型，这就使有些准备工作完全可以通过电脑进行操作，如试算平衡和结账等。

## 2.报表的基本结构与编制方式

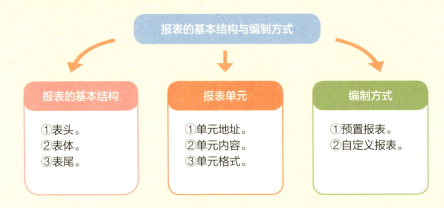

图2-2　报表的基本结构与编制方式

### （1）报表的基本结构

报表的基本结构由三个部分组成，即表头、表体和表尾。

①表头。表头主要包括表名、编制单位、编制日期、计量单位等要素。

②表体。表体属于表格的主体，也是报表的数据板块。相互纵横的表格线划分出若干个小方格，每个方格内所填写的数据类型都不一样，称为表格元素，或简称单元。

③表尾。表尾位于表体的最下方，主要是填写一些附加信息，如制表人、附注等。

### （2）报表单元

单元是构成报表表体的基本元素，每一个单元都有自己的地址、内容和格式。

①单元地址。单元地址是用来确定单元在报表中的位置的，通常情况下，单元地址以行列坐标进行编号，依据Excel命名，例如D8表示第8行第4列的单元。唯一性是报表单元的显著特性，每一个单元只能填写一个数据，这样一来，实际上就使单元成了一个变量，除了能够对单元执行赋值和输出

等操作外，还可以将单元加入表达式中。

②单元内容。单元内容一般包括数值型数据、字符型数据，它也可以是一个计算公式。其中，计算公式一般以等号"="打头。

③单元格式。单元格式一般是指单元数据的显示或打印输出的格式，主要包括字体、字号、对齐方式、数据类型、数据颜色、数字格式、边框样式以及其他对单元的修饰。在报表系统中，不同单元有着不同的格式。

### （3）报表的编制方式

会计报表大体上分为两种编制方式：预置报表和自定义报表。

①预置报表。

预置报表是指在程序中固定好报表的格式和数据公式，使用时在程序中依据相关规定途径取得数据，最终输出一张由程序员设定格式的报表。账务系统所预设的内容通常包括科目余额表、资金日报表、科目汇总表、试算平衡表以及辅助核算输出的一些业务报表或分析表等。

②自定义报表。

自定义报表是用户按自己的想法和需求生成的报表。例如，利润分配表、资产负债表、利润表、现金流量表等的对外报表，当然，也有内部管理用的各类费用之类的报表。这些报表都是根据用户自行定义生成的。报表系统通过自身携带的相关功能，供用户对报表的格式、数据来源以及计算方法进行定义，因此它能生成许多不同格式的报表。当报表格式改变时，用户只需根据自己的需求修改报表的定义即可。

总之，了解报表的组成和编制对老板来说是非常有必要的，也是研究报表、看懂报表的前提，老板在此基础上才能懂得如何管理财务。

# 第三节 ▍▍▍▍▍▍▍▍▍▍▍▍▍▍▍▍▍▍▍▍▍▍▍▍▍▍▍▍▍▍▍▍▍▍▍▍▍▍▍▍
# 运用资产负债表分析企业财务状况

　　在财务报表中，资产负债表是重要的一项内容，它能够反映出企业特定日期的财务状况。通过对资产负债表进行分析，老板能够更加清晰地了解企业的资本构成，同时发现其中存在的问题，为自己的经营决策提供重要的参考依据。而且，通过对不同时期的资产负债表进行对比，老板还能分析出报表中一些重要项目数据的升降变动情况，进而帮助老板准确掌握企业的经营发展的状况和方向。

　　因此，为了更好地分析出企业的财务状况，老板要务必重视资产负债表当中的数据。资产负债表的具体格式和内容如下：

表2-1　资产负债表

编制单位：　　　　　　　　　　　　年　月　日　　　　　　　　　　单位：元

| 资产 | 期末余额 | 期初余额 | 负债和所有者权益（或股东权益） | 期末余额 | 期初余额 |
|---|---|---|---|---|---|
| 流动资产 | | | 流动负债 | | |
| 货币资金 | | | 短期借款 | | |
| 交易性金融资产 | | | 交易性金融负债 | | |
| 应收票据 | | | 应付票据 | | |
| 应收账款 | | | 应付账款 | | |
| 预付账款 | | | 预收账款 | | |
| 应收利息 | | | 应付职工薪酬 | | |
| 应收股利 | | | 应交税费 | | |
| 其他应收款 | | | 应付利息 | | |

续表

| 资产 | 期末余额 | 期初余额 | 负债和所有者权益（或股东权益） | 期末余额 | 期初余额 |
|---|---|---|---|---|---|
| 存货 | | | 应付股利 | | |
| 一年内到期的非流动资产 | | | 其他应付款 | | |
| 其他流动资产 | | | 一年内到期的非流动负债 | | |
| 流动资产合计 | | | 其他流动负债 | | |
| 非流动资产 | | | 流动负债合计 | | |
| 可供出售金融资产 | | | 非流动负债 | | |
| 持有至到期投资 | | | 长期借款 | | |
| 长期应收款 | | | 应付债券 | | |
| 长期股权投资 | | | 长期应付款 | | |
| 投资性房地产 | | | 专项应付款 | | |
| 固定资产 | | | 预计负债 | | |
| 在建工程 | | | 递延所得税负债 | | |
| 工程物资 | | | 其他非流动负债 | | |
| 固定资产清理 | | | 非流动负债合计 | | |
| 无形资产 | | | 负债合计 | | |
| 开发支出 | | | 所有者权益（或股东权益） | | |
| 商誉 | | | 实收资本（或股东） | | |
| 长期待摊费用 | | | 资本公积 | | |
| 递延所得税资产 | | | 减：库存股 | | |
| 其他非流动资产 | | | 盈余公积 | | |
| 非流动资产合计 | | | 未分配利润 | | |
| | | | 所有者权益（或股东权益）合计 | | |
| 资产总计 | | | 负债和所有者权益（或股东权益）总计 | | |

## 第四节
## 透过利润表看清企业的经营成果

在企业的财务报表中，利润表能够反映出企业在一定会计期间的经营成果，尤其能够反映企业经营业绩的主要来源和构成，这能够帮助老板对企业净利润的高低及其遇到的必要风险做出准确判断，对净利润的持有性进行有效预测，最终做出正确判断。

通过分析利润表，老板能够掌握企业很多方面的财务信息：

①能够反映出企业在一定会计期间的实际收入情况，如实现的营业收入数量、实现了多少投资收益、实现了多少营业外收入等。

②能够反映出一定会计期间的企业经济耗费情况，如耗费了多少营业成本、多少营业税金及其附加、多少销售费用、多少管理费用、多少财务费用、多少营业外支出等。

③能够反映出企业生产经营活动的成果，即净利润的实现情况，以此能够判断出资本保值增值等情况。

通过对利润表进行观察和分析，能够帮助老板看清企业的经营成果，对企业定期进行自身定位评估有着巨大价值，老板务必认真对待。利润表格式和具体内容如下：

## 表2-2　企业利润表

编制单位：　　　　　　　　年　月　日　　　　　　　　单位：元

| 项目 | 本期金额 | 上期金额 |
|---|---|---|
| 1.营业收入 | | |
| 减：营业成本 | | |
| 营业税金及附加 | | |
| 销售费用 | | |
| 管理费用 | | |
| 财务费用 | | |
| 资产减值损失 | | |
| 加：公允价值变动损益（损失以"-"号填列） | | |
| 投资收益（损失以"-"号填列） | | |
| 其中：对联营企业和合营企业的投资收益 | | |
| 2.营业利润（损失以"-"号填列） | | |
| 加：营业外收入 | | |
| 减：营业外支出 | | |
| 其中：非流动资产处置损失 | | |
| 3.利润总额（损失以"-"号填列） | | |
| 减：所得税费用 | | |
| 4.净利润（损失以"-"号填列） | | |
| 5.每股收益 | | |
| （1）基本每股收益 | | |
| （2）稀释每股收益 | | |

财务主管：　　　　　　　　　　制表人：

利润表中各个项目的列报说明如下：

表2-3　企业利润表说明

| 项目 | 说明 | 填列要求 |
| --- | --- | --- |
| "营业收入"项目 | 体现企业经营主要业务和其他业务所确认的收入总额 | 该项目需要根据"主营业务收入"与"其他业务收入"科目的发生额分析填列 |
| "营业成本"项目 | 体现企业经营主要业务和其他业务发生的实际成本总额 | 该项目需要根据"主营业务收入"与"其他业务收入"科目的发生额分析填列 |
| "营业税费"项目 | 体现企业经营业务应负担的消费税、营业税、城市维护建设税、资源税、教育费用附加等 | 该项目需要根据"营业税金及附加"科目的发生额分析填列 |
| "财务费用"项目 | 体现企业筹集生产经营所需资金等产生的筹资费用 | 该项目需要根据"财务费用"科目的发生额分析填列 |
| "销售费用"项目 | 体现企业在销售商品过程中发生的包装费、广告费等费用和为销售本企业商品而专设的销售机构的职工薪酬、业务费等经营费用 | 该项目需要根据"销售费用"科目的发生额分析填列 |
| "管理费用"项目 | 体现企业为组织和管理生产经营发生的管理费用 | 该项目需要根据"管理费用"科目的发生额分析填列 |
| "投资收益"项目 | 体现企业以各种方式对外投资所取得的收益 | 该项目需要根据"投资收益"科目的发生额分析填列 |
| "营业利润"项目 | 体现企业实现的营业利润 | 如为亏损、本项目以"－"号填列 |
| "资产减值损失"项目 | 体现企业各项资产发生的减值损失 | 该项目需要根据"资产减值损失"科目的发生额分析填列 |
| "公允价值变动收益"项目 | 体现企业应当计入当期损益的资产或负债公允价值变动收益 | 该项目需要根据"公允价值变动损益"科目的发生额分析填列 |
| "营业外收入"项目 | 体现企业发生的与其经营业务无直接关系的各项收入 | 该项目需要根据"营业外收入"科目的发生额分析填列 |
| "营业外支出"项目 | 体现企业发生的与其经营业务无直接关系的各项支出 | 该项目需要根据"营业外支出"科目的发生额分析填列 |
| "利润总额"项目 | 体现企业实现的利润 | 如为亏损，本项目以"－"号填列 |
| "所得税费用"项目 | 体现企业应从当期利润总额中扣除的所得税费用 | 该项目需要根据"所得税费用"科目的发生额分析填列 |
| "净利润"项目 | 体现企业实现的净利润 | 如有亏损，该项目以"－"号填列 |
| "基本每股收益""稀释每股收益"项目 | 体现"基本每股收益"和"稀释每股收益"的具体收益情况 | 该项目需要根据每股收益准则规定计算的金额填列 |

# 第五节 ‖‖‖‖‖‖‖‖‖‖‖‖‖‖‖‖‖‖‖‖‖‖‖‖‖‖‖‖‖‖‖‖‖‖‖‖‖‖‖‖‖‖‖‖‖‖‖‖
## 分析现金流量表看企业是否有钱花

在企业的财务报表中，现金流量表是一项反映特定会计期间内企业现金增减变动详细情况的报表，是老板进行财务分析的重要报表依据之一。老板要想利用现金流量表分析出企业的财务状况，就必须首先掌握该表的结构特点，明确表中相关项目的具体意义，以此让自己准确理解现金流量表中的财务信息。

现金流量表格式如下：

表2-4　现金流量表

编制单位：　　　　　　　　　年　月　日　　　　　　　单位：元

| 项目 | 本期金额 | 上期金额 |
| --- | --- | --- |
| 1.经营活动产生的现金流量 | | |
| 销售商品、提供劳务收到的现金 | | |
| 收到的税费返还 | | |
| 收到的其他与经营活动相关的现金 | | |
| 经营活动现金流入小计 | | |
| 购买商品、接受劳务支付的现金 | | |
| 支付给职工及为职工支付的现金 | | |
| 支付的各种税费 | | |
| 支付的其他与经营活动有关的现金 | | |
| 经营活动现金流出小计 | | |

续表

| 项目 | 本期金额 | 上期金额 |
|---|---|---|
| 经营活动产生的现金流量净额 | | |
| 2.投资活动产生的现金流量 | | |
| 收回投资所收到的现金 | | |
| 取得投资收益所收到的现金 | | |
| 处置固定资产、无形资产和其他长期资产收回的现金净额 | | |
| 处置子公司及其他营业单位收到的现金净额 | | |
| 收到的其他与投资活动有关的现金 | | |
| 投资活动现金流入小计 | | |
| 购置固定资产、无形资产和其他长期资产支付的现金 | | |
| 取得子公司以及其他营业单位支付的现金净额 | | |
| 支付的其他与投资活动有关的现金 | | |
| 投资活动现金流出小计 | | |
| 投资活动产生的现金流量净额 | | |
| 3.筹资活动产生的现金流量 | | |
| 吸收投资收到的现金 | | |
| 取得借款收到的现金 | | |
| 收到的其他有关筹资活动的现金 | | |
| 筹资活动现金流出小计 | | |
| 筹资活动产生的现金流量净额 | | |
| 4.汇率变动对现金以及现金等价物的影响 | | |
| 5.现金即现金等价物净增加额 | | |
| 加：期初现金及现金等价物余额 | | |
| 6.期末现金以及现金等价物余额 | | |

　　另外，老板还需要善于依据现金流量表中反映的财务信息，对企业现金流量的构成及其存在的风险进行分析，进而探析其中隐藏的问题。而且，老板在利用财务报表分析企业财务状况时，还有必要将现金流量表、资产负债表以及利润表等财务报表进行综合分析，厘清各种报表之间的关系，正确认知企业的各项财务能力，进而对企业的财务状况做出客观、全面的评价。

# 第六节

## 关注财务报表的附注

在财务报表的最后，经常会看到报表的"附注"，很多老板往往是一扫而过，并没有真正认识到它的价值。实际上，财务报表附注不仅能够便于老板理解财务报表的内容，还包括对财务报表的编制基础、编制依据、编制原则和方法及主要项目等所做的解释，对其本身进行补充说明，便于老板做出更科学合理的决策。

财务报表附注是对资产负债表、利润表、现金流量表和所有者权益变动表等报表中所列示项目的文字描述或明细资料，以及在报表中没有列出项目的解释说明等。它能够让老板全面了解企业的财务状况、经营成果和现金流量。

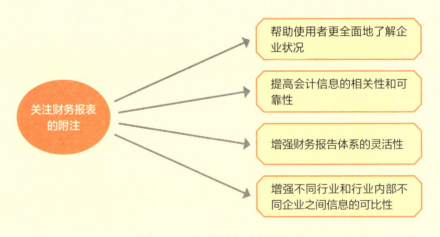

图2-3　关注财务报表的附注

打个比方来说，财务报表是根，附注处于报表的从属地位。如果没有财务报表主体的存在，附注就等于没有依靠，也就无法发挥自己的功能；而没有附注进行恰当的延伸和说明，财务报表的功能就很难体现出来。正是因为两者相辅相成，才最终形成了一个完善的有机整体。

通过报表附注的文字说明，附加一些统计资料或定性信息，便能够弥补财务信息的不足，从而全面反映出企业面临的机遇与风险，将企业价值充分体现出来，以此保证信息的完整性，这有助于老板做出最佳决策。由此可见，财务报表的附注有着很大价值，在报表中发挥着独特作用，其重要性主要体现在以下几个方面：

## 1. 帮助使用者更全面地了解企业状况

财务报表需要全面反映企业的财务状况、经营成果及现金流量，如果出现忽略或者隐瞒重要信息、财务数据的情况，非常容易导致老板在查看报表时发生误解。由于外部与企业的信息不对称，老板要想对企业有足够的了解，就必须依赖其所提供的各项资料。因此，这就需要财务报表能够充分包含全面的信息，体现更高的价值，不过，由于成本等多种因素的限制，财务报表可能无法实现这些要求，而附注在这方面便体现出来信息披露的重要作用。

## 2. 提高会计信息的相关性和可靠性

相关性和可靠性是会计信息的两个基本质量特征。财务会计本身存在的局限性使其相关性和可靠性像鱼与熊掌一样，很多时候不可兼得。但是，财务报表附注的存在能够在不降低会计信息可靠性的前提下，提高信息的相关性，如事项的处理、由于事项发生的不确定性导致不能直接在主表中进行确认，在得到完全确认或者基本能够预期的时候，又可能因为失去了及时性而损伤了信息的相关性。对此，这时候就可以通过在财务报表附注中进行事项的披露或相关信息的补充，揭示或有事项的类型和影响，以此来提高信息的相关性。

## 3. 增强财务报告体系的灵活性

财务报表有着自己的固有格式、项目和填列方法，基于此，报表中的信息并不能将一个企业的综合素质完整地反映出来，而报表附注在这个问题上便显露出了它的灵活性，用以弥补表内信息表达的局限性，增强其相关性，帮助老板更容易理解表内信息。具体来说，财务报表在确认计量上的严格标准导致一些与决策相关的信息没有能够出现在财务报表中，若是忽视它们的存在，势必会对老板做出正确决策造成一定影响，而报表附注便能够将那些无法进入表内的信息进行适当的披露，进而完整反映企业生产经营的全面信息，提高财务报告体系的总体水平和层次。

## 4. 增强不同行业和行业内部不同企业之间信息的可比性

会计信息是由多种因素综合促成的，包括不同行业的不同特点、各个企业前后各期情况的变化、经济环境的不确定性，等等，这些因素都会降低不同企业之间会计信息的可比性，以及企业前后各期会计信息的一贯性。财务报表附注可以通过对企业的会计政策和会计估计的变更等情况进行补充，向老板传递相关信息，助其能够"看透"会计方法的实质，而不被会计方法所误导。

总之，财务报表附注最大的用途便是能够对财务报表内容中的信息进行解释和补充说明，老板对其加以分析、评价和思考，能够得出一些改进相关工作的方法和措施，弥补在同行业当中自己的不足，在改进企业经营管理的同时，提高生产效率和产品质量，扩大产品的市场占有率，促进企业健康发展。

# 第七节
## 老板查看报表时的注意事项

财务报表是企业相关人员，尤其是老板了解企业财务状况、提升经营能力的窗口。正因为如此，很多企业在进行年度财务决算时，往往会对过去一年的财务报表进行分析，做出全面总结。老板在查看、分析企业财务报表时，要特别注意以下几个问题：

| 分析财务报表时要注意一些原则 | 分析财务比率时应将同类指标联系起来综合分析 |
|---|---|
| ① 注意数据之间的相互联系，避免孤立地看待问题。<br>② 定量分析与定性分析双向结合，坚持定量分析为主。<br>③ 以发展的眼光分析报表，防止静止不变地看待问题。 | ① 分析企业短期偿债能力时，需要将流动比率指标与企业性质、行业特点以及其他经营环境或因素相结合。<br>② 分析企业长期偿债能力时，需要将资产负债率指标与资产报酬率指标相结合。<br>③ 分析企业盈利能力时，需要将每股盈利指标和资产收益率指标相结合。<br>④ 分析企业分红方案时，利润分配与用公积金，尤其是与用资本公积金送股区别开来。企业分红派股有两种实施方式，即税后利润和公积金。 |

老板查看报表时的注意事项

图2-4　老板查看报表时的注意事项

## 1.分析财务报表时要注意一些原则

①注意数据之间的相互联系，避免孤立地看待问题。因为对于大部分企业而言，筹资能力、偿债能力、盈利能力都是相互联系的。因此，在分析财

务报表时，务必要将相应的指标联系起来看。

②定量分析与定性分析双向结合，坚持定量分析为主。定量分析是分析财务报表的工具和手段，缺乏定量分析很难弄清数量界限、阶段性和特殊性。对于财务分析这项工作来说，最忌讳的一点正是没有数据支持，乱得结论，因此应坚持定量为主；定性分析是分析报表的基础和前提，缺乏定性分析，很难弄清相关问题的本质、趋势和与其他事物的联系。因此，要将定量分析和定性分析结合起来进行。

③以发展的眼光分析报表，防止静止不变地看待问题。严格来说，财务报表的分析过程，就是在对企业的过去和现在进行总结的基础上展望未来，进而分析出企业是否具有发展的潜力。因此，老板在分析财务报表时要保持发展的眼光。

## 2. 分析财务比率时应将同类指标联系起来综合分析

①分析企业短期偿债能力时，需要将流动比率指标与企业性质、行业特点以及其他经营环境或因素相结合。如果流动比率高，这就说明每元流动负债有足够的流动资产作为保证，进而体现企业具有较强的偿债能力。另外，对流动比率高低影响比较大的因素，主要包括流动资产中的应收账款比重和存货的周转速度。

②分析企业长期偿债能力时，需要将资产负债率指标与资产报酬率指标相结合。资产负债率能够反映出企业的长期偿债能力，比率低，说明债务负担轻，还本付息压力小，企业的财务状况相对来说比较稳定。不过，如果企业的资产报酬率比较高，则代表着资产的盈利能力强，资产的利用效率比较高，对于股东来说，适度举债经营非常有利。相对来说，这时候，企业的资产负债率可以高一些。

③分析企业盈利能力时，需要将每股盈利指标和资产收益率指标相结

56

合。评价企业盈利能力，一般情况下，每股收益和净资产收益率是企业主要运用的两个指标。不过，这里需要注意的是，每股收益不多，并不意味着净资产收益率不高，而净资产收益率高，也不代表着每股收益多。在企业股票存在溢价发行的情况下，净资产收益可以说是反映企业总体盈利水平和老板运用资本能力的最佳指标。

④分析企业分红方案时，利润分配与用公积金，尤其是与用资本公积金送股区别开来。企业分红派股有两种实施方式，即税后利润和公积金。当企业的经营业绩处于良好情况下时，一般都会采用税后利润派发红利或送股的方式回报投资者。资本公积金的来源渠道包括两种方式：股票溢价发行和资产重估增值，用其转增股本则是与当期企业业绩无关且可以随时进行的。

总之，财务报表是老板了解企业财务状况，进行合理决策的有效工具。当然，利用财务指标也只能分析出企业财务状况的大概，老板要想将数据和指标背后的经济实质了解透彻，还需要结合企业所处的内外部环境、资源、策略等方面的因素进行深入实际的分析，才能认识到经营活动的本来面目。同时，在财务报表分析中还要树立科学的态度，才能提高财务报表分析水平。

# 第三章

# 资产管理：企业的家底到底有多大

资产是一家企业的实力，也就是企业的"家底"。对企业的资产进行评估和认知的过程正是企业准确定位发展实力的过程，这更是资产管理的工作内容。资产管理是财务管理的核心内容，需要引起老板的高度重视。

## 第一节
# 企业到底有多大家底，老板要心里有数

　　资产是一家企业的经营基础和保障。它是指企业拥有或者控制的能够以货币计量的经济资源，包括各种企业财产、债券以及其他企业权利。如根据有形无形分类，资产可以分为有形资产和无形资产，如货币便是有形资产，那些无实物形态的非货币资产便是无形资产；根据流动性分类，则可以分为流动资产和非流动资产，流动资产主要包括货币资金、短期投资等，非流动资产主要包括长期投资、固定资产、无形资产以及其他资产。

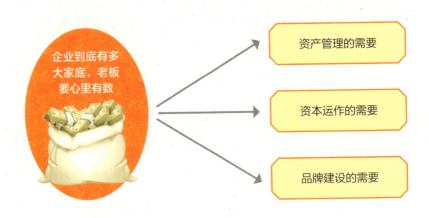

图3-1　企业进行资产评估的意义

　　企业有很多不同类型的资产，需要企业老板拿出精力对其进行科学管理，这就涉及企业的资产管理。企业资产管理，简称EAM，是面向资产密集型企业的信息化、制造业信息化、企业信息化解决方案的总称。其目标是提高资产可利用率、降低企业运行维护成本，核心是优化企业维修资源，通过提高设备可利用率来增加收益，通过优化安排维修资源来降低成本，进而提高企业的经济效益和企业的市场竞争力。作为财务管理的重要组成部分，企业老板非常有必要学好资产管理这门学问，或者说资产管理是经营企业的一门必修课。

企业老板应当是企业当中对企业资产最为知根知底的人。试想，如果老板对企业的具体资产都不清楚，那么，这个企业又如何能经营好呢？当然，由于企业资产众多，且种类繁杂，企业老板无法做到对资产数据有一个"一是一、二是二"的确切掌握，只能是在对相关数据进行分析的基础上，对企业资产有一个全面、客观的评估。

从宏观来说，对企业资产进行评估是为了让企业有一个更好的发展，而具体来说，就目前我国企业所处的环境而言，对企业资产进行评估有以下三个层面的意义：

## 1. 资产管理的需要

### （1）摸清家底，完善企业资产管理

对企业资产进行评估，并形成财务报告，是企业资产管理的重要环节，也是首要工作。企业到底有哪些资产，其价值量如何，企业的管理者必须要把这些搞清楚，避免资产管理过程中出现盲点。企业老板只有充分掌握企业资产的真实价值，做到心中有数，才能最终变被动管理为主动管理，使之规范化，在完善企业资产管理的同时，保证企业资产的完整性。

### （2）为企业老板提供管理信息、决策依据

企业的资产价值其实本质上是企业资产的培育、发展情况，它能够反映很多企业的经营状况，包括企业资源的利用状况以及利用效率和效果、企业的创新能力和盈利能力、企业管理水平的高低以及企业可持续发展的潜力，等等。

对企业资产评估的过程，也就是对企业的资产进行整体清查的过程。评估的重点在于，发现在资产管理、资本结构、经营过程、企业效率以及盈利能力等各个方面，企业都存在哪些问题和不足，并且提出合理的解决办法；或者以此为根据，为企业的未来经营提供建设性的意见和建议。这有利于经营者在企业的资产投资方面形成一个明晰的方向，便于老板做出明智的决策，进而合理分配企业资源，同时减少在投资过程中的浪费。

## 2. 资本运作的需要

### （1）资产交易的需要

在转让、拍卖和许可使用等情况下，应对资产价值进行评估，为交易双方提供客观、公正的价值依据。

### （2）经济谈判的需要

在进行合资合作的经济谈判时，需要对企业总资产进行一个评估，特别是无形资产评估。因为合资合作方更为看中的是企业的技术、商标和资源等一些无形资产。当然，虽然企业不需要以无形资产作价入股，但是，这些无形资产在经过评估量化后，能够在一些经济谈判中为企业增加砝码，提升企业的谈判实力和信心，让企业在经济谈判中占据有利地位。

### （3）工商注册、质押贷款

《中华人民共和国担保法》第七十九条规定：商标专用权、专利权和著作权等知识产权可以出质质押贷款。要想知道产权人及银行在对企业知识产权的价值认同方面是否统一，就必须对无形资产进行一个客观、公允的价值评估。

### （4）增强投资者信心

经济实力是企业发展壮大的坚实后盾和信心来源，企业资产价值一经权威机构评估确定后，将会深入人心，进而潜移默化地影响企业管理人员以及员工的信心。这至少有两方面的好处：一是能够推动企业效益和规模的迅速增长，同时分散并消弭了企业经营风险；二是可以促使资本市场对企业的价值以及未来的发展潜力形成一个较为正确和积极的认识，在无形当中，增加了与其他投资者的交易机会，并且可提高交易效率。

（5）利用无形资产增资扩股、对外投资、作价入股，实现低成本扩张

为了保证企业的投资行为科学、合理，首先必须对企业资产的现有价值进行一次客观而正确的评估。目前，最为普遍的投资形式便是企业在改制、合资、合作、联营、兼并、重组、上市等一系列经济活动中，通过技术、商标权无形资产进行投资，这种投资有诸多益处：可以减少现金支出，以低现金的投入实现高投资收益；在注册商标的商品使用以及服务项目的生产经营方面，不断扩大其规模，进而提升商标价值，最终使企业产品或者服务的市场竞争力得到进一步增强。

对企业资产进行评估的结果可谓两全其美，这既可以使老板摸清资金家底，也可以为投资者与被投资单位在投资谈判方面提供重要依据，还能为被投资单位在确定其无形资产的入账价值时提供客观依据。

## 3.品牌建设的需要

（1）扩大企业影响，展示企业发展实力的需要

目前，企业形象问题在企业界越来越受到重视，尤其是企业在走向国际化的征程中，名牌商标的宣传早已成为其关键入口和重要途径。因此，对企业商标、品牌等资产进行评估和宣传，不但是展示企业发展实力的一次绝佳机会，

图3-2 企业形象

还是强化企业形象的重要手段。

### （2）拓展销售渠道，扩张特许经营体系的需要

如今，加盟已经成了一项频繁的商业行为，企业在发展加盟商的过程中，如果能够对自身的资产有一个确切、明晰的认知，那么，盟主企业便能够在向加盟商介绍自己的过程中有据可依，进而为潜在加盟商提供一个准确的判断依据，使其对本企业的认识更加准确。更为重要的是，这还能够让潜在加盟商看到企业自身所蕴藏的发展潜力，进而增强其加盟信心。基于以上种种，对于特许经营盟主企业来说，进行资产评估显得尤为重要。

### （3）为无形资产侵权赔偿提供价值依据

如今的时代可谓是知识产权最为受到重视的时代，相应地，知识产权行政保护也逐渐完善。在侵权诉讼中，为了对侵权行为所造成的损失进行量化、认定赔偿额度，企业首先要对自己的商标权、专利权进行合理评估，进而为权利人打假维权提供索赔依据，以此来维护企业的合法权益和形象。

### （4）激励和教育员工，增强企业凝聚力

品牌营销时代也是口碑营销时代。企业可以在评估资产后，将评估信息得出的企业相关实力进行口碑营销，从而向外界传达企业品牌的健康状态和发展趋势。当然，更为重要的是，在传达企业实力的过程中，还能培养员工对企业的忠诚度，凝聚人心，激励员工继续奋斗，进而增强企业凝聚力。

此外，对企业资产进行评估，还能够推动和引导企业的上市工作。总之，作为一名企业的老板，只有知道企业有多大家底后，才能根据企业资产制定更为合理、更为有效的经营规划和目标，才能进一步做好资产管理，最终让企业持续、健康地发展。因此，为了企业的未来，作为一家企业的领导者，老板必须做好企业的资产评估工作。

## 第二节

### 老板都要对哪些重点资产进行管理

　　企业的资产管理可谓是一项繁杂而巨大的工程，因为在企业资产设计方面，我们需要做很多工作。上一节也已经介绍过，无论是有形，还是无形，企业的资产可谓不胜枚举。企业老板在对企业大大小小的资产进行管理的过程中，很难做到面面俱到。这就需要企业老板寻找关键的资产，从众多的企业资产中抓一些重点，进行重点资产管理。

图3-3　资产管理的内容

　　抓工作要抓重点。那么，企业老板都要对哪些重点资产进行管理呢？也就是说，在企业的资产管理中，哪些是工作的重心呢？其实，企业的资产管理在经过分类之后就变得非常明晰了，重点资产的管理就浮出水面了。通常情况下，企业的重点资产管理往往会被分为三部分：固定资产管理、无形资产管理和企业存货管理。

## 1.企业存货管理

存货指的是企业仓库中实际储存的货物，这包括准备出售的成品和在生产过程中的产品，或者在提供劳务的过程中所耗用的一切材料和物料。企业置留存货的目的在于满足生产经营的正常需求。不过，为了有效控制存货成本、维持存货的合理水平，老板务必要加强存货管理。掌握存货的管理方法和重点。

### （1）存货管理方法

存货管理的常用方法主要包括"ABCF法""JIT法""EOQ法""MRP法"四种方法，老板应当正确掌握这些方法的原理和作用，以此监督存货管理人员正确使用这些方法。

"ABCF法"是将存货商品按照存货价格、存放要求等在内的一定等级标准对货物进行分类管理的方法；"JIT法"是以即时生产模式作为基础，以生产的即时需求作为依据采购物资，力求无库存或者低库存的方法；"EOQ法"是通过确定经济合理的订货批次与数量，进而有效控制存货成本的管理方法；"MRP法"是在预测需求的基础上，通过编制需求计划、合理控制库存的订购与管制的一种管理方法。

### （2）存货管理重点

对于企业的存货管理工作，老板需要有重点地进行管理、监督和控制。以保证存货管理工作能够规范而合理地进行。存货管理工作可分为六部分内容：制度建立、存货采购、存货流通、存货储备、账务登记、存货清查。这里就不一一赘述了。

图3-4　存货管理的重点

## 2.固定资产管理

固定资产也就是企业持有的、使用期限超过一个会计年度的有形资产，被企业用来生产产品或提供劳务等。而单位价值在2 000元以上，并且使用年限超过2年的，也应当作为固定资产。对于固定资产管理工作，企业老板或者管理者应当掌握以下四点基础知识。

### （1）固定资产购置

固定资产购置也就是指从固定资产购买或建造开始，直到固定资产交付使用为止的全过程。老板需要严格控制固定资产的购置问题，确定固定资产购置的基本流程，并保证流程各环节能够规范进行。对企业的固定资产要正确地统筹管理，从而保证固定资产购置资金能够合理使用。

### （2）固定资产维护

为了保证固定资产的使用价值，企业有必要对固定资产在使用过程中进行维护管理。对此，老板应当对固定资产的使用环节进行严格监督：定期检查固定资产的完好程度，提高资产的利用效果；发现缺失现象时及时查找原因，以确保固定资产的完整性；固定资产出现问题时及时进行维修；积极地采取相应措施来降低甚至杜绝资产事故的发生概率；定期对固定资产进行保养，保证和提高资产的正常使用，提高资产的使用年限。

### （3）固定资产折旧

固定资产折旧也就是按照固定资产的折旧率提取相应的折旧额，以此弥补固定资产的损耗。对此，老板可以对通过固定资产的折旧基数、折旧范围、折旧年限和折旧方法进行综合考量，进而判断在经营过程中企业对固定资产的折旧计提、账务处理、维修保养等的处理是否规范正确。

### （4）固定资产清理

固定资产清理是指对固定资产的报废、出售以及对已损毁固定资产进行清理的相关工作。对于固定资产清理问题，老板需要明确固定资产报废的申请条件，对于各类报废申请，企业要进行严格审批，确保报废处理工作合理进行。当固定资产认定报废时，再进行产权注销。

在固定资产清理过程中，老板还应当做好固定资产清理的监督工作，确保固定资产清理理由正当真实，且经过技术部门鉴定，手续完备且获得审批，凭证齐全且记录完整，账务处理规范正确，且在会计报表上有所披露。

### 3. 无形资产管理

无形资产指的是企业的一种无实物形态非货币性资产。当然，无形资产也是企业实际拥有或者控制的一种可辨认资产。对于无形资产的管理，老板应当做好无形资产计量和无形资产营运两方面工作。

### （1）无形资产计量

无形资产计量也就是指确定无形资产的账面价值。这是无形资产管理工作的重要基础。对此，老板应当全面而综合性地对无形资产进行计量，以保证无形资产计量工作规范进行。无形资产的计量包括无形资产形成过程中所支付的价款、税费、成本研发费用，以及使无形资产达到预定用途所发生的其他费用。

### （2）无形资产营运

无形资产营运是指企业通过对无形资产的运筹与谋划，实现无形资产增值的过程。虽然企业经营重心一般都在有形资产方面，不过，通过营运，无形资产同样可以实现价值增值，因此，老板务必要重视无形资产的营运工作。对此，在无形资产营运方法上，企业可以通过交易式和融资式两种营运方式进行营运；在营运策略上，企业则可以借助开发策略、延伸策略、融资策略、扩张策略和分配策略五种策略进行。

总之，在企业资产管理工作中，只要老板抓住了企业存货管理、固定资产管理和无形资产管理这三大管理工作的重心，企业的资产管理环节就能顺利进行。同时，如果老板也对企业经营过程中涉及的各项资产使用情况心知肚明，企业的经营和发展必定会稳步向前。

第三节 ▍▍▍▍▍▍▍▍▍▍▍▍▍▍▍▍▍▍▍▍▍▍▍▍▍▍▍▍▍▍▍▍▍▍▍▍▍▍▍▍▍▍▍▍▍▍▍▍▍▍▍
老板资产管理的关键流程

对于企业的资产管理工作，势必要涉及很多管理流程，在这些流程当中，有一些关键性的流程和环节需要引起老板的重视。它们是企业存货购进领用控制流程、固定资产折旧管理流程和无形资产转让控制流程。

### 1. 存货购进领用控制流程

为了使存货管理工作进一步规范化，以保证存货购进与领用环节更加合理地进行，老板有必要加强对存货购进领用的控制工作，切实履行每一项存货管理的审批职责。

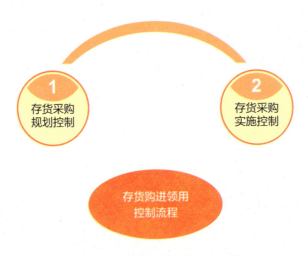

图3-5　存货购进领用控制流程

存货购进领用控制流程可细分为四步：存货采购规划控制、存货采购实施控制、存货采购验收控制和存货领用控制。

### （1）存货采购规划控制

存货采购流程的第一步，首先需要对存货采购需求进行分析，再确定采购需求和最佳订货批量，确定供应商的评选要求，最后，制订出切实合理的采购计划。

这里需要注意的是，在老板审批存货采购计划时，首先要对采购计划进行细致审查，审查内容涉及：采购计划的制订是否符合企业的实际需求；是否保证了安全的库存量；采购计划具体内容的合理性，包括订货批量达标与否、订货点的质量高低、供应商的评选标准，等等。

### （2）存货采购实施控制

这一步的工作包括很多，先是计划的审批与执行，然后是对供应商的评选，紧接着是进行商务谈判，最终拟定并签订采购合同。

老板在审批存货采购合同时，不要忘记对合同进行相关审查，审查内容包括：合同的规范性、合同是否存在潜在法律风险和纠纷隐患、合同具体条款是否合理（如价格、交货期、付款条件等）。

## 2. 固定资产折旧管理流程

固定资产折旧对企业固定资产的账面价值有着直接影响，它还是抵减应纳税所得额的关键因素。对于固定资产折旧管理的关键环节，老板应当严格规范操作，严格审批控制相关重要事项，以此保证固定资产的折旧处理工作合法合理进行，争取企业利益的最大化。

固定资产折旧管理流程可细分为三步：确定折旧方法、按月计提折旧与账务处理和整理固定资产卡片。

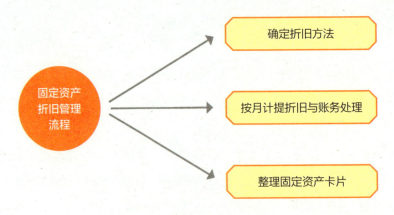

图3-6　固定资产折旧管理流程

### （1）确定折旧方法

这是固定资产折旧管理流程开始部分，这时候首先需要预计固定资产的使用寿命与净残值，然后据此选择固定资产的折旧方法。

老板在审批折旧方法时，应对所选择的折旧方法是否符合相关法律规定进行审查，这包括是否符合固定资产的性质特征、是否符合法律关于最低折旧年限的有关规定、是否对税务筹划等多项因素进行综合考虑。

### （2）按月计提折旧与账务处理

这一步需要先对固定资产按月计提折旧，之后复核固定资产的使用寿命和折旧方法，在这个基础上，在进行相应的账务处理。

### （3）整理固定资产卡片

这一步是最后一步，内容非常简单，当前面的操作流程进行完毕后，便可以填制固定资产折旧卡片了。第三步完成后，整个固定资产折旧管理流程才算结束。

### 3.无形资产转让控制流程

在无形资产营运中，无形资产的转让控制流程是很关键的一环。为了保障转让收益，老板对于无形资产转让控制流程中的关键审批工作要规范进行，对于一些关键事项要进行严格把控。

无形资产转让控制流程可细分为三步：转让决策控制、转让准备控制和转让实施控制。

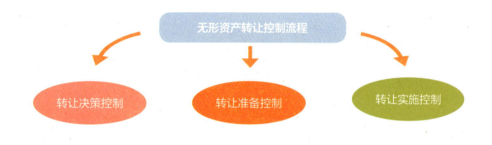

图3-7　无形资产转让控制流程

（1）转让决策控制

这是无形资产转让控制流程的第一步，需要进行的工作依次是分析无形资产现状、无形资产转让提议和审核审批转让提议。

老板在审批无形资产转让提议时，应当首先对提议内容是否符合企业现状进行细致审查，杜绝虚假内容的出现；对提议内容是否满足必要性和可行性的要求进行严密把控；同时还要兼顾转让收益的可观性以及转让风险是否可以有效控制。

（2）转让准备控制

这一步先要确定转让价格，然后再与受让单位进行谈判，决断出一个双方都满意的双赢价格和决议，最终拟定并签订转让合同。

在老板审批无形资产转让合同这一关键环节时，首先要对合同的规范性和是否存在潜在的法律风险以及纠纷隐患等进行严格审查；然后就是审查合同具体条款是否科学、合理，包括转让价格、付款方式等。

（3）转让实施控制

这是流程的最后一步，当转让合同签订完毕后，双方就可以办理转让手续了，最后再进行相关的账务处理。这样整个无形资产的转让控制流程就全部结束了。

以上是资产管理工作中所涉及的一些关键流程和环节。在相关操作中，尤其是在一些文件的审批方面，老板一定要严格把关，进行细致的审查。确保这些关键环节的工作质量，进而保证企业资产管理工作不打折扣，让自己对企业的日后运营和未来发展有一个准确而宏观的把控。

# 第四节
## 几个关键指标的分析

　　当企业的资产管理工作告一段落时，老板往往会有评估资产管理效果的需求。这时候，一些关键性的反映资产管理的指标便会派上用场，通过对这些指标进行分析，便可看出企业的资产管理效果。

　　资产管理分析指标是总结和评估企业资产管理状况与效果的分析指标，相关的资产管理指标非常多，其中最为关键的三大指标是资产负债率、资产周转率和资产收益率，这三大关键指标还可细分为几个小指标，这些指标都反映了企业资产管理中方方面面的情况。通过对这些指标的综合分析，企业就可以更加科学客观地看出资产管理效果以及自己的经营状况。

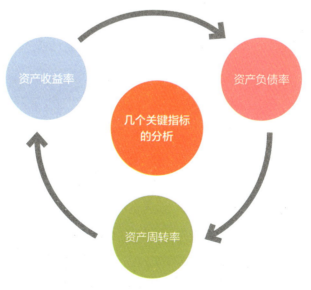

图3-8　几个关键指标的分析

75

## 1. 资产负债率

资产负债率是负债总额与资产总额的比例关系。它反映了负债在企业的总资产中所占的比例，同时它也能衡量出企业在后续清算工作时对债权人利益的保护程度。由于资产负债率指标反映了债权人所提供的资本在企业全部资本中的比例，因此，它也被称为举债经营比率，其公式为：资产负债率=总负债/总资产。

换句话说，资产负债率表示公司总资产中有多少是通过负债筹集的。因此这一指标是评价企业负债水平的综合指标，同时它也从侧面反映出企业利用债权人资金进行经营活动的能力，也更反映了债权人发放贷款的安全程度。如果资产负债比率达到100%或超过100%，这就说明企业已经没有净资产或负债已经超出企业资产。

对于企业的债权人和所有者来说，资产负债率的高低具有不同的意义：对于企业的债权人来讲，负债比率越低，其债权的保障程度就越高，因此，企业的债权人希望有更低的负债率；而对于所有者而言，负债比率则是越大越好，他们最关心的是自己投入资本的收益率，只要企业的总资产收益率比借款的利息率高，他们就会大量举债。

当然，很多企业都属于负债经营，不过，任何事物都有一个需要保持平衡的额度。一般情况下，企业负债经营规模往往需要控制在一个较为合理的水平，而负债比重则需要掌握在一定的标准内。

## 2. 资产周转率

资产周转率是销售收入和平均资产总额之比，是衡量企业资产管理效率的重要财务指标，在财务分析指标体系内占有很重要的地位。

资产周转率一般有三种表达公式：资产周转率=周转额/资产；资产周转率=本期销售收入净额/本期资产总额平均余额，其中本期资产总额平均余额=（资产总额期初余额+资产总额期末余额）/2；资产周转率=总营业额/总资产值。

图3-9　资产周转率

资产周转率中主要包括流动资产周转率、固定资产周转率和总资产周转率。

### （1）流动资产周转率

流动资产周转率是销售收入与平均流动资产的比率。它反映了流动资产的周转速度。若周转速度快，那么会相对节约流动资产，相当于扩大资产的投入，增强企业的盈利能力；而延缓周转速度，需在周转流程中补充流动资产，这样便会形成资产的浪费，从而降低企业的盈利能力。其公式为：流动资产周转率=销售收入/［（期初流动资产+期末流动资产）/2］

在流动资产运营方面，老板对流动资产周转率的分析，可以为他进行企业管理提供决策依据。需要注意的是，对流动资产周转率进行分析时，需要把存货、应收账款和反映盈利能力等指标结合使用，这样才能全面评价出企业的盈利能力。

### （2）固定资产周转率

固定资产周转率是企业年销售收入净额与固定资产平均净值的比率。它是衡量固定资产利用效率的一项重要指标，能准确反映企业固定资产的周转情况。其计算公式为：固定资产周转率=主营业务收入净额/固定资产平均净值，其中固定资产平均净值=（期初固定资产净值+期末固定资产净值）/2。

固定资产周转率高，说明企业固定资产的利用率高，从而反映出企业在固定资产投资方面的准确性。如果固定资产结构合理，就能够充分发挥其效率；反之，固定资产周转率低，说明企业的固定资产没有得到充分利用，没有形成足够的生产成果，企业的营运能力欠佳。

另外，在实际分析该指标时，老板需要排除某些因素的影响：一方面，固定资产的净值随着折旧计提会相应地减少，或因固定资产更新，净值会突然增加；另一方面，由于折旧方法不同，固定资产净值会有所不同，所以缺乏可比性。

### （3）总资产周转率

总资产周转率是企业主营业务收入净额与资产总额的比率。它能够反映出企业全部资产的管理质量和利用效率，是考察企业资产运营效率的一项很重要指标。

在企业经营过程中，企业的总资产周转率可体现出全部资产从投入到产出的流转速度。分析对比该指标，能够了解企业在本年度以及以往几年总资产的运营效率和具体变化。从中发现企业和市场上的同类企业在资产利用方面的差距，促使企业深入挖掘自身潜力，进行积极创收，进而在提高产品市场占有率的同时，也提高资产利用效率。通常情况下，总资产周转率越高，表明企业总资产的周转速度越快，说明资产利用效率越高，企业的销售能力越强。总资产周转率的计算公式为：总资产周转率=主营业务收入净额/平均资产总额×100%，其中，平均资产总额=（期初资产总额+期末资产总额）/2。

当然，总资产周转率越低，就会影响企业的盈利能力，这时候，企业就需要采取各项措施来提高企业的资产利用效率，如提高销售收入或处理多余的资产等。

### 3. 资产收益率

资产收益率，也叫资产回报率（ROA），它是衡量每单位资产所创造净利润的指标。其计算公式为：资产收益率=净利润/平均资产总额×100%。

资产净利率能够反映出企业资产运营的综合效益。该指标通用性强，适用范围广，不受行业局限。通过对资产净利率的综合对比分析，可以看出企业在同行业中的获利能力大小以及与同类企业的差异水平。一般认为，资产净利率越高，那么企业资产利用的效率越好，整个企业盈利能力越强，运营效益越好，经营管理水平越高。对企业投资人、债权人的保障程度越高。

资产收益率包括流动资产收益率、固定资产收益率和净资产收益率。

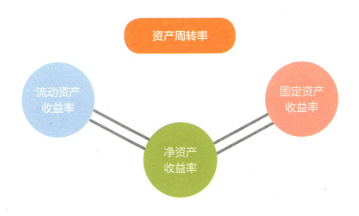

图3-10　资产收益率

（1）流动资产收益率

流动资产收益率是指当期会计核算的净利润与平均流动资产总额的比率，该指标综合反映了企业流动资产的利用效果。

流动资产收益率=净利润/〔（期初流动资产+期末流动资产）/2〕×100%

（2）固定资产收益率

固定资产收益率指的是企业在一定期间内实现的利润额与该时期企业固定资产平均占用额的比率，该指标充分反映了企业固定资产的管理效果。

固定资产收益率=年内实现利润总额/固定资产原值全年平均数×100%

（3）净资产收益率

净资产收益率也叫作净资产利润率，是净利润与平均股东权益的百分比，是企业税后利润与净资产的百分比，该指标综合反映了股东权益的收益水平，用以衡量企业运用自有资本的效率。该指标值越高，说明投资带来的收益也就越高，体现了自有资本获得净收益的能力。

当然，除了考虑这些资产管理方面的关键指标外，还要结合其他很多财务性指标（比如现金流动负债比率、存货周转率、净资产收益率，等等），这样才能为老板的经营决策提供更加翔实、精确的数据信息，从而使老板的战略部署更为成熟、完善，企业的发展经营轨道更为正确、通畅。

# 第四章

## 财务预算：三军未动，粮草先行

　　财务预算是围绕企业管理和发展规划而展开的一项重要财务管理内容，它以业务预算、资本预算为基础，以经营利润为目标，以现金流为核心进行编制，并主要以财务报表的形式予以充分反映，是企业管理工作中不可或缺的"先锋军"。财务预算是企业管理工作的重要依据，尤其是在制定、落实内部经济责任制方面发挥着重要作用。

## 第一节 ‖‖‖‖‖‖‖‖‖‖‖‖‖‖‖‖‖‖‖‖‖‖‖‖‖‖‖‖‖‖‖‖‖‖‖‖‖‖‖‖‖‖‖‖‖‖‖‖‖‖‖
## 财务预算对企业管理的重要意义

　　财务预算可谓是包罗万象，主要包括现金预算、预计利润表、预计资产负债表和预计现金流量表。它是在预测和决策的基础上，围绕企业战略目标，对某一时期内（一般作为新的一年或几年）资金的取得和投放、各项收入和支出、经营成果及其分配等一些资金运作所做的具体安排，是用来专门反映企业在未来一定预算期内的预计财务状况和经营成本以及现金收支等价值指标的各种预算的总称。一般情况下，企业按年度编制财务预算。

　　如今，财务预算所发挥的重要作用使其在企业管理工作中越来越受到重视。依据财务预算，企业可以对影响企业利润的各种因素的变化，以及对相关利润的影响程度进行分析和预测，进而预估出未来企业的财务成果，作为对企业经济活动进行协调和控制的依据。并且，企业经营者通过财务预算，能将企业各职能部门的管理工作和生产经营活动贯穿起来。当今，财务预算已经成为我国企业适应市场经济发展需要，提高企业整体的管理效率和经济效益的有效手段。所以说，财务预算对企业管理具有重大意义，具体表现在以下几个方面：

### 1. 有利于调动员工积极性，提高工作效率

　　通过财务预算，企业能够明确规划出企业相关生产、经营人员的责任范围并制定目标，帮助相关工作人员做到心中有数，目标明确，工作有方向。进而有效地激励并调动相关工作人员的工作积极性，最终提升企业的运营效率。

## 2. 有利于化解企业内部部门冲突，促进工作协调一致

企业要想最大限度地实现企业总目标，需要企业内部各级各部门工作做到协调一致。不过，企业内部各级各部门因其职责和工作性质不同，往往会出现互相冲突的现象。财务预算运用货币度量进行表达，具有高度的综合性。经过综合平衡以后，解决企业内部各级各部门之间冲突的最佳办法就能够明显显现出来。在此基础上，企业就可以充分协调各级各部门的工作。

## 3. 有利于加强企业内部经营成本控制

企业一旦制定了财务预算，便会迅速进入实施阶段，同时使管理工作的重心进入企业经营活动的控制过程。期间，企业外部环境在不断变化，往往会导致企业行为的执行情况与预算出现偏差。此时，企业便可以通过对执行情况与预算之间进行对比和分析，进而采取相应的应对控制措施。因此，财务预算可谓是为企业经

图4-1　财务预算意义（1）

营管理成本提供了有效的监控控制手段。而且，预算指标为企业控制提供了相应的控制标准，时刻提醒企业哪些钱能花，哪些钱不能花。

## 4. 有利于量化企业各职能部门的奋斗目标

企业最后确定的财务预算是各职能部门综合平衡的结果，同时也是企业各职能部门通力合作的结果。各职能部门的预算目标实际上正是企业预算总目标的分解。因此，企业的财务预算可以量化各职能部门的奋斗目标，甚至

可以为各自努力方向的调整提供参考，各职能部门可以根据预算安排各自的工作和任务。

### 5. 有利于企业员工绩效考核

绩效考核是企业员工加薪晋升的重要指标，同时也是企业实施战略目标的有效工具。绩效管理指标不应与战略目标的实施出现脱节，而是应当围绕战略目标逐层分解。企业预算正是企业战略目标的量化指标。因此，企业的财务预算充当企业绩效考核的指标，可以充分达到绩效考核导向性的作用。而且，财务预算以数量化的方式为管理工作划分等级或制定标准，具有很高的可考核性，从而帮助企业根据财务预算的执行情况来评定员工的工作成效，同时助其分析差距、改进工作。

总之，对于企业管理来说，财务预算可谓意义重大，在企业的财务管理工作中发挥着越来越重要的作用。因此，企业有必要强化自身的财务预算管理，进而增收节支，提高企业资产的使用效率和经济效益。当然，前提是企业首先要对财务预算有一个全面而深刻的认识，进而才能有效实施财务预算工作，最终使其成为提高企业经营绩效与实施企业战略的有效工

图4-2　财务预算意义（2）

具。在降低企业经营风险的同时，财务预算可保证企业战略与目标的进一步落实，最终使企业的管理效率与经营效益双向提升，并且在提升员工凝聚力与企业核心竞争力的同时，实现企业价值的最大化。

# 第二节 IIIIIIIIIIIIIIIIIIIIIIIIIIIIIIIIIIIIIIIIIIIIIIIIIIIIIIIIIIIIIIIIIIIIIIIIIIIIIIIIIIIIIII
## 老板为什么要关注财务预算

财务预算是企业财务管理体系的关键内容。甚至可以说，财务预算在企业经营管理中处于核心地位。企业要进行资本经营，必然要涉及财务预算。在企业的日常经营中，财务预算与企业现金收支、经营成果和财务状况密切相关，同时，它还能够反映出企业各项经营业务和投资的整体计划。当然，由于企业经营范围有所不同，预算内容也多种多样，不过，基本原理大致相同。

财务预算是企业财务管理体系的关键内容。甚至可以说，其在企业经营管理中处于核心地位。

图4-3　财务预算的重要性

企业之所以制定财务预算，正是因为它在企业经营中发挥的关键作用。对于老板来说，财务预算是让企业正常、合理发展经营的重要环节。它能帮助企业经营者带领企业员工实现企业经营目标，确保企业在日常经营中严格按照计划运行，避免企业偏离经营的正确轨道，最终达到企业经营者的期望收益值，从而实现企业利益的最大化。因此，对于老板来说，财务预算可谓意义重大，需要引起高度关注。

下面我们来讲述下财务预算应受到老板的关注的原因。其主要表现在以下几个方面：

## 1. 帮助老板节省经营成本，提高经济效益

财务预算的核心特征便是以市场为导向，以销售为龙头，最终以产定销，它是连接市场与企业的纽带和桥梁。财务预算的主要内容就是在经营预算和资本预算的基础上做出：现金流量的安排，一定时期内的损益表预计，以及一定时期末的资产负债表预计，等等。通过财务预算，能够对企业的内部资源进行合理配置，进而最大限度地满足市场需求，帮助企业在市场上长期获得最大收益。

实行财务预算管理能帮助企业节省经营成本，提高经济效益。在企业的财务预算中，降低成本费用是提高企业经济效益的关键所在，因此，始终坚持将重心放在成本费用的控制上，能够为企业直接提高经济效益奠定坚实的基础。比如，在保证企业正常经营的前提下，依照财务预算能够最大限度地降低储存成本和缺货成本，进而帮助企业节约成本。这属于财务管理中的"经济订货量"基本模型。

## 2. 帮助老板有效规避财务风险

财务预算是企业在进行科学经营预测与决策之后，围绕企业战略目标，在某一时期内对企业的资金进行筹集、分配和使用等财务活动而进行的一项财务计划或规划。目的是使生产经营活动能够尽量按照预定财务计划或规划进行流转和运动，规避财务风险，最终实现企业有效经营的理财目标。

财务预算是处理好资产的盈利性和流动性，以及财务结构的成本和风险关系的参考指标，可以提供现金流量预算，使企业经营者能够及早采取措施，帮助企业有效、合理规避财务风险。因此，制定财务预算，能帮助老板合理运用公司资金，还能指导企业的筹资策略，合理安排公司的财务结构。

## 3.帮助老板制定相关经营决策

　　财务预算的制定是企业现有资源与未来发展目标的有效结合。在预算管理体系中，各种指标被重新分类整理，并且将这些信息传达给老板或者拥有决策权的管理人员。这样一来，就能够帮助老板有效制定相关经营决策。而且，财务预算不仅能够减少决策的盲目性，降低决策风险，同时还能够帮助企业合理地挖掘现有资源潜力。努力使决策科学而合理，使企业的行为符合市场的客观需求，同时进一步提升企业的综合盈利能力。

　　因此，财务预算可以看作老板为了实现未来某一时期的生产经营目标，以及制定与实施各种决策的行动方案。老板要想使自己的相关决策更加适应现代化企业的发展要求，财务预算绝对是一项重要的辅助工具。

　　财务预算的制定正是企业现有资源与未来发展目标的有效结合。在预算管理体系中，各种指标被重新分类整理，并且将这些信息传达给老板或者拥有决策权的管理人员。这样一来，就能够帮助老板有效制定相关经营决策。

图4-4　老板应关注财务预算的原因（1）

### 4.帮助老板制定财务战略

　　财务预算的制定有利于企业更好地进行和控制日常经济活动，从而在一定程度上提高企业的管理水平，确保企业的经营发展不偏离其战略轨道。因此，财务预算具有战略意义和价值导向性的特点，是企业制定财务战略的首要标尺。而财务战略又是企业老板制定他的发展战略中的不可缺少的必要决策之一。因此，企业老板需要重视财务预算在制定财务战略中的关键作用。而且，企业能否将财务预算有效地融入企业的生产和经营中，事关企业的生存发展大计，甚至可以说会影响到整个企业经营的发展，企业老板不可轻视。

### 5.帮助老板有效管理企业

　　当然，老板之所以需要对财务预算高度关注，还因为通过财务预算，企业经营者能够更有效地将企业各职能部门的管理工作和生产经营活动有效贯穿起来，使企业的整体管理效率和经济效益都有所提高。而且，将财务预算与其他方面的管理相结合，还能够为企业的管理体系提供广阔的空间和充足的时间，从而进一步提高企业的综合管理水平。

图4-5　老板应关注财务预算的原因（2）

　　简单来说，财务预算对于老板的基本作用，在于可以帮助老板在企业财务状况方面建立一套评价标准。在企业经营过程中，老板通过将实际数与预算数进行对比，能够及时发现企业经营中存在的问题，并调整偏差，使企业的经济活动按照预期进行，从而实现企业的财务目标。

　　总之，财务预算在企业的经营过程中占据着重要地位，是老板计划工作的财务成果。可以说，财务预算既体现了企业经营项目的具体化，又是老板控制经营活动的依据，老板不得不高度关注。

第三节 ⅢⅢⅢⅢⅢⅢⅢⅢⅢⅢⅢⅢⅢⅢⅢⅢⅢⅢⅢⅢⅢⅢⅢⅢⅢⅢⅢⅢⅢ
老板审核财务预算的四个关键内容

对于老板来说，财务预算是企业一系列经营活动在财务方面的行为规划或目标计划，可谓是企业相关工作的前提和基础。所以，一家企业经营发展方向的把控人——老板，就需要认真做好财务预算的审核工作。归根结底，企业制订预算计划的根本目的是保证企业的相关财务或者资金得到有效应用。因此，老板在审核财务预算的过程中，需要注意以下四个关键内容：

图4-6　老板审核财务预算的四个关键内容

## 1. 预算是否进行了资源整合

企业制定预算是为了确保企业的整体经济效益最大化。整合是使企业资源得到有效利用，进而提高企业管理效率和盈利能力的最佳方式。因此，老板在审核相关部门提交的预算计划时，务必注意研究预算是否将企业的各种资源进行了合理整合，是否使其发挥了最大效用。

同时，老板也要确保预算计划是本着节约成本，避免铺张浪费的精神而制定的，进而推进企业的有效经营。对于这一点，老板需要从预算的各种应用项目上进行审查，严格按照"钱要花在刀刃上"的标准进行审核。

## 2. 预算是否以市场需求为导向

市场是确保企业顺利进行各种经济活动的必要场所，这是市场经济时代的核心内容。对于企业来说，只有在市场中占据一席之地，才能让自己最终生存下去，并且不断发展壮大。因此，老板在审核预算计划时，要确保预算始终以市场需求为导向，严格围绕市场动态，按照市场规律进行制定，以此保证预算的全面性、客观性、合理性和准确性。

## 3. 预算是否基本涉及企业或者相关部门全员参与

全面性是制订预算计划的一项关键要素。所以，预算一般都会涉及企业或者某一部门的各个方面，需要相关的全体员工积极配合，才能最终按照预算计划完成企业任务。同时也只有相关员工积极地参与到预算计划的编制中，才能保证预算的全面性和准确性。这样的预算也才能够被企业全体成员接受。

因此，老板在审核预算的时候，要确保预算涉及的相关员工都要积极参与到预算计划的编制中；预算相关任务涉及的基本企业或者某一部门全员参与，以保证能够充分调动起员工参与的积极性，进而保证预算的效益最大化。

## 4. 预算是否对相关业务活动做了明确规划

作为企业财务应用计划的表现，预算需要表现在企业方方面面的业务活动中，要使企业在生产经营中有章可循，这就需要对相关业务活动做出目标规划。

　　因此，老板在审核财务预算时，务必要确保预算对企业相关部门的业务活动都进行了明确的规划或者制定了考核指标，以此促使部门员工在日常工作中明确自己的奋斗目标，进而调动相关部门及其员工的积极性，这有助于实现企业总体目标。

图4-7　预算是否对相关业务活动做了明确规划

　　此外，老板在审核预算的过程中，还要注重以"目标定位"为审批核心，紧贴"加强预算约束"的根本要求，采用预算审查与决算审查相结合的方式，最终提高财务预算计划使用的安全性、规范性和有效性。当预算计划没有达到上面这些要求或者还不够全面、严谨时，老板需要将预算存在的问题下达、反馈给相关部门，让该部门进行改进和完善，最后，由老板再次审核，最终制订出一套实用、有效的预算计划。

# 第四节
## 财务预算重点审批流程

财务预算的审批流程包括很多方面，对于老板来说，他们需要在一系列审批流程中抓住重点。财务预算的审批流程一般包括：年度预算调整流程、预算超支管理流程和预算执行分析流程。

图4-8　财务预算重点审批流程

### 1. 年度预算调整流程

为了保证企业的年度预算的制定科学、合理，同时避免调整过度预算导致其失去严肃性和约束力，老板有必要加强年度预算调整的管理和控制力度，并且在审核流程中，保证相关审批工作的规范性。

企业年度预算调整的一般流程包括三步：提出调整申请、审议调整申请和调整审批执行。

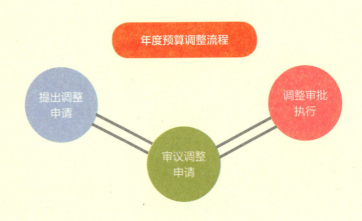

图4-9　年度预算调整流程

（1）提出调整申请

这是年度预算调整流程的第一步，首先需要老板下达年度预算，让企业相关部门执行预算计划。在执行预算计划的过程中，执行环境往往会出现变化，这时候相关人员就会提出调整申请，并初步编制预算调整方案。

（2）审议调整申请

当审议预算调整方案完成后，企业相关人员会对申请的合理性进行分析，同时给出审议意见，最终确定预算调整方案。

（3）调整审批执行

最后，确定无误的预算调整方案会递交给老板，由老板进行审批。当审批方案下达后，再进行调整执行与资料归档等工作。

在该审批流程中老板在审批年度预算调整方案时，需要先对预算调整原因的客观真实性进行审查，然后再对具体调整内容的科学合理性进行审查，判断其是否与企业的其他客观因素存在某些冲突。

## 2.预算超支管理流程

预算超支管理是预算执行控制环节的重要组成部分，老板有必要严格审批预算超支管理流程中的关键事项，以有效落实预算目标，同时保证预算执行的灵活性。

企业预算超支管理的一般流程包括三步：预算超支发生、预算超支分析和预算超支应对。

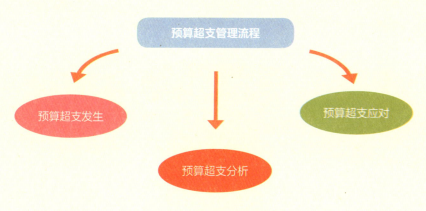

图4-10　预算超支管理流程

（1）预算超支发生

当企业出现预算超支情况时，相关人员会汇总并上报超支信息。

（2）预算超支分析

收到超支信息，企业需要组织预算超支讨论会，讨论并分析预算超支的原因，同时拿出预算超支的应对措施。

（3）预算超支应对

预算超支对策确定后，会递交给老板，由老板对其进行审批，然后下达执行命令，再由企业相关部门执行应对措施。在执行的过程中，将有关的执行情况反馈给相关部门，由其分析执行效果，针对相关问题采取改进或解决措施。

在该流程中，老板在审批预算超支对策时，需要抓住四个审查要点：审查对策针对超支原因是否有效；是否具有可操作性；是否能够切实发挥预期作用；是否与企业的实际情况相协调。

### 3.预算执行分析流程

预算执行分析结果可作为改进预算管理工作的重要依据。为了保证预算执行分析结果的客观性和有效性，老板应当重视预算执行分析流程的制定。

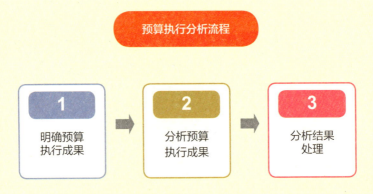

图4-11　预算执行分析流程

企业预算执行分析流程一般包括明确预算执行成果、分析预算执行成果和分析结果处理。

（1）明确预算执行成果

这一流程的第一步是收集预算执行的数据资料，并对资料进行整理、分析，然后汇总预算执行情况。

（2）分析预算执行成果

通过对比预算目标，找出预算执行中的差异，并分析造成差异的原因和差异范围，最后编制出分析报告。

（3）分析结果处理

分析报告上交到老板手中后，老板对其进行审批。在审批预算执行分析报告时，老板首先要对分析过程的规范性进行严格审查。当确定分析结果客观有效后，再将审批结果下达给相关部门，将其作为预算执行改进以及预算管理决策的依据。

## 第五节
## 财务预算分析表单

表单是财务预算中的重要组成部分。通过分析表单，老板能够清楚了解企业各项经营活动所需要的财务支持，准确掌握经营活动所需要的预算资金数量等方面的情况，便于自己对相关预算申请进行合理批示。

一般情况下，企业预算包括以下四大分析表单：预算调整表、生产成本预算表、材料采购预算表和销售资金预算表。

### 1.预算调整表

预算调整表是预算调整申请的重要工具。相关部门的预算申请人会将预算调整的明细信息填入预算调整表当中，然后将该表加入预算调整方案中，最后和预算调整申请表一并呈报给老板进行审核。预算调整表能够帮助老板更加清楚地掌握预算调整申请中的具体内容，进而做出科学有效的预算审批。

预算调整表格式如下：

表4-1　预算调整表

| 部门名称 | | | 预算项目编号 | | |
|---|---|---|---|---|---|
| 预算项目名称 | | | | | |
| 调整类别 | □预算追加 | | □预算追减 | | |
| 原核定内容 | | | 拟调整内容 | | |
| 科目名称 | 细项说明 | 金额 | 科目名称 | 细项说明 | 金额 |
| | | | | | |
| 调整幅度 | □10%以内 | | □10%~29% | | □30%~40% |

98

续表

| 变更原因说明 | | | |
|---|---|---|---|
| 部门经理 | （签章） | 制表： | （签章） |
| 财务部 | （签章） | 财务总监： | （签章） |
| 总经理意见 | （签章） | | |

## 2.生产成本预算表

生产成本预算表包括某类产品生产成本涉及的各项目预算明细，内容翔实，同时和上年的实际成本有一个清晰的对比。老板通过生产成本预算表，能够对某类产品的生产成本预算有一个准确的把握，而且还能够掌握生产成本预算制定的合理性。

生产成本预算表格式如下：

表4-2　生产成本预算表

| 产品名称 | | | | | 产量（单位） | | |
|---|---|---|---|---|---|---|---|
| 项目名称 | 年度预算 | | | | 单位产品生产成本 | | 差异情况说明 |
| 1.直接材料成本 | 单位 | 总耗量 | 单价 | 总金额 | 上年度实际 | 本年度预算 | |
| （1）原材料 | | | | | | | |
| （2）燃料、动力 | | | | | | | |
| （3）外购半成品 | | | | | | | |
| （4）修理用备品备件 | | | | | | | |
| …… | | | | | | | |
| 小计 | | | | | | | |
| 2.直接人工成本 | 标准工时 | 总工时 | 工时工资 | 总金额 | | | |
| | | | | | | | |
| 3.分配制造费用 | — | | | | | | |
| 4.生产成本总计 | — | | | | | | |

## 3.材料采购预算表

材料采购预算表记录的是在会计年度内企业每月的采购预算情况。借助材料采购预算表，老板能够清楚掌握材料采购的明细情况和具体要求，进而对材料预算制定的合理性做出正确的判断。材料采购预算表同时还提供了重要的材料数据，为执行预算所用，故而编制材料预算对企业采购有很大的指导和控制等作用。

材料采购预算表格式如下：

表4-3　材料采购预算表

编制部门：　　　　　　　　编制时间：　　年　月　日　　　　　　单位：元

| 月份 | 内购材料 | | | | | 外购材料 | | | | | 备注 |
|---|---|---|---|---|---|---|---|---|---|---|---|
| | 材料名称 | 计量单位 | 材料数量 | 预计金额 | 采购费用 | 材料名称 | 计量单位 | 材料数量 | 预计金额 | 采购费用 | |
| 1月 | | | | | | | | | | | |
| 2月 | | | | | | | | | | | |
| 3月 | | | | | | | | | | | |
| …… | | | | | | | | | | | |
| 12月 | | | | | | | | | | | |
| 全年 | 金额和费用合计 | | | | | 金额和费用合计 | | | | | |

## 4.销售资金预算表

销售资金预算表记录的是企业在会计年度内的销售资金预算情况，该表包括销售收入预算和销售支出预算两部分。通过销售资金预算表，老板可以对该年度内每月的销售资金预算明细有一个清晰的了解和把握，以备评定预算执行效果和制定下一阶段销售资金预算。

销售资金预算表格式如下：

表4-4　销售资金预算表

编制部门：　　　　　　　单位：元　　　　　　　编制时间：　　年　月　日

| 月份 | 销售收入 | 销售支出 | | | | | | | |
|---|---|---|---|---|---|---|---|---|---|
| | | 交通费 | 运输费 | 差旅费 | 招待费 | 邮电费 | …… | 广告费 | 合计 |
| 1月 | | | | | | | | | |
| 2月 | | | | | | | | | |
| 3月 | | | | | | | | | |
| …… | | | | | | | | | |
| 12月 | | | | | | | | | |
| 总计 | | | | | | | | | |

# 第五章

## 成本控制：砍掉成本，省下的都是利润

在激烈的市场竞争中，在资源有限的条件下，各行业的老板们互相竞争的无非就是资源最大化的利用。因为在企业生产经营过程中，难免会产生各种成本费用，比如：采购成本、人工成本等，有些成本是显性的，有些则是隐性的。对这些成本的有效控制，是每个企业管理者必须要做好的一项非常重要的工作。作为老板，你要知道该花的钱一定要花和不该花的钱坚决不花；砍掉不增值的成本，堵住成本黑洞。只有这样，才能真正达到降低成本，实现企业利润最大化的目标。

## 第一节 ▮▮▮▮▮▮▮▮▮▮▮▮▮▮▮▮▮▮▮▮▮▮▮▮▮▮▮▮▮▮▮▮▮▮▮▮▮▮▮▮▮▮▮▮▮▮▮▮▮▮▮▮▮▮▮▮▮▮
## 堵住成本黑洞：你省下的每一分钱都是利润

对于钱，该花还是不该花？小时候，大人们总告诫我们"该花的钱要花，不该花的钱不要花"。但很少有人能够告诉我们，如何衡量该不该花。且总在我们花完钱后，大人们才事后进行点评：真是败家啊！等我们长大后，我们开始自己经营企业，却依然不知道哪些钱该花，哪些钱不该花。最后出现有些企业老板为了增加盈利，总是不断地减少成本，该花的钱都不花了的情况。结果有些钱因为舍不得花，反而导致成本更高；而有些不该花的，却使劲花，铺张浪费，增加了一些不增值的成本，形成了很多成本黑洞。

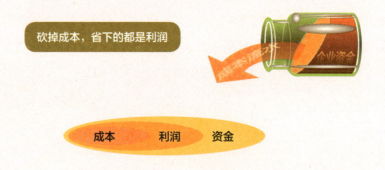

图5-1　砍掉成本，省下的都是利润

实际上，对于企业来说，企业的成本无非就是原材料、人工、制造费用这三部分。所以，要降低成本，就要从这三部分入手。只要老板将不产生增值的东西去掉，把浪费的行为去掉，一切按照一个"增值"的标准去花钱，就可以起到降低成本的作用，而且省下的每一分钱都是一笔不小的利润。要知道，在销售价格固定不变的情况下，成本越大，利润就会越小。而且在原材料价格上涨、税收负担增加的生存环境下，成本控制显得异常重要，它是企业经营管理的核心。

那么，老板想要节省成本，避免浪费，就要从细节做起，科学地实施成本控制，只有这样才能使企业永葆旺盛的生命力，立于不败之地。那么，老板具体实施成本控制的过程，主要包括哪几个方面呢？

图5-2　成本控制主要包括的方面

## 1.采购成本

采购成本是企业购买原材料所产生的费用，它是企业成本控制最关键的一点。因为一般采购原材料的漏洞颇多。比如：同样价格的产品，采购人员开发票时，就会提高产品价格，并把其填写在发票上，然后拿此发票到财务处去报账；或者有些采购人员拿假发票来报账，甚至有些采购人员会故意隐瞒产品优惠价格，按市场价采购给企业。此外，原材料采购价格还会受到市场因素波动的影响。

如果老板想要降低采购成本，就必须要派一位诚实且有议价能力的采购人员去采购，还要与原材料供应商签订长期供应合同。这样可以减少原材料价格波动带来的影响，从而达到降低企业采购成本的目的。另外，老板也可以主动向原材料供应商提供各种技术和帮助，这样也能起到降低成本的作用。

## 2. 时间成本

时间成本指的是在资金不变的不同时间点上的价值量所产生的差额。对于企业来说，时间成本就是为了达到某种生产目的而占用或使用资金和材料所引起的全部支付费用。可以说，时间就是金钱，时间一去不复返，是不可再生资源，这些时间成本都是实实在在的金钱成本。

在中国企业中，浪费时间成本已是一种非常普遍的现象，很多企业老板都没有时间观念，根本无法意识到这一点。比如：一件产品本来两分钟就能生产出来，企业却花了四分钟才生产出来，这无形中就增加了不少的时间成本和人工成本。各位老板可以去认真试想一下，如果我们管理企业时，进行的决策、执行、交货、检验与审核等各项环节都拖拖拉拉的，自然就增加了不少时间成本，而将时间成本计算到产品成本里，企业的产品就不具有价格优势了。

其实，企业生产经营过程中，每个环节的推延，在一定程度上，都会形成三种成本的浪费：第一种是时间成本，第二种是人工成本，第三种就是机会成本。对于企业来说，低效率和高成本，都是最致命的伤。老板们一定要加强时间管理观念，这样才能有效降低成本。

## 3. 流通成本

流通成本包括运输成本、仓储成本、包装成本等，但从宏观上来说，流通成本只包括三个成本，分别是运输成本、保管成本、管理成本。而运输的方式有很多种，比如陆运、空运等。每种运输方式都有各自的优势，老板要想降低运输成本，就要掌握各种有关的运输成本的信息。然后，从中选择最低成本组合，来达到降低成本的目的，比如：水运加陆运或空运加水运等。

总之，不管老板选择何种运输方式，都要计算好时间成本，还要考虑好产品运输的完好度以及距离远近，最后，做出最正确的选择，以此来降低企业的运输成本。

## 4. 库存成本

在企业中，库存浪费显然也是非常普遍的现象。不良产品、半成品以及那些由于没有规划好，而供大于销，积压过多的库存产品，都会隐藏着一些问题。比如：产品品质变差或容易出现代替物料等。正所谓，库存是万恶之源，老板一定要进行库存管理改革，均衡化生产，避免库存成本过大的现象发生。

另外，老板想要减少库存成本，可以采取准时生产的管理方式，要求货物准时到达，并且零库存。想要达到这一目标，这就要求企业内外部配合得十分默契。如果这种方法无法实现预期目标，老板还可采取缩小库存量来减少库存管理费用的方法。比如：实行库存ABC制度，或者是要求原材料与半成品的供应要及时。

其实，企业还可以不建设仓库，通过库存外包的形式将企业的原材料与产品外包给有库存实力的企业，借用这些企业的剩余库存能力来解决库存问题。不过，如果企业自身拥有库存能力，那么它可以通过科学管理的方式来降低库存管理费用。比如：企业可以引进一些先进机械来搬运货物，这样就能减少搬运成本和人工成本。不管老板采用何种方法，只要能够达到降低库存成本的目的就可以。

## 5.经营成本

经营成本主要包括主营业务成本与其他业务成本。其中，主营业务成本包括直接或间接材料成本、直接或间接工资成本、制造费用等。其实，老板降低经营成本的方法有很多种，以下几种方法可以借鉴：

图5-3 降低经营成本的方法

### （1）引进先进设备来提高生产效率

企业可以引进一些高科技设备。比如：机器人。这样，企业就能通过使用高科技设备，生产出更多的产品，还节省了人工成本。不过，老板必须要培养一批会使用这套设备的专业操作、维修人员。

### （2）招聘高熟练度或高技能的人才

通过招聘这些优秀人才，将他们所学的知识充分运用在生产运营上，从而为企业创造更多的价值。

### （3）将企业非核心业务进行外包

通过利用外包企业来承包本企业的产品制造，从而减少本企业的时间成本和人工成本。这样可使本企业利用一切时间和精力去专注于核心业务的创建与发展，以及核心业务产品的设计和营销等方面。

（4）提高员工的培训力度与水平

培训要培育员工的实用与实战技能，而非其他的东西。

（5）运用先进的管理方式来管理企业

只要老板做好了这五方面，就能有效降低经营成本。不过，经营成本是否真正降低了，这就要看老板的管理能力如何了。

## 6. 管理成本

管理不善，势必会对生产力产生阻滞作用，这是企业无法忽视的重要问题。如果老板能够意识到这个问题的严重性，想要减少管理成本，就可以通过改善管理流程来提高工作效率和工作质量。比如：很多企业都是老员工带新员工，老员工怎么做，新员工就怎么做。即使老员工做错了，新员工提出质疑，也很少有人能做出合理的答复。这样传统的方法一直被沿用。如果老板能够改善一些管理流程或方法，在一定程度上，也能降低管理成本。

如果老板真想降低管理成本，那么他们对企业管理人员的设置就应尽量按照少、精、干的原则去进行。其中，"少"指的是老板要减少管理层的人数；"精"是精兵简政的意思；而"干"则是有才干的意思。为什么要这样说，因为管理人员的薪酬普遍要比普通员工们高很多。通过减少管理人员的数量，就能有效减少管理成本和人工成本。

## 7. 人工成本

在所有成本浪费的种类中，人工成本是最容易被浪费的成本。在管理上，很多老板只强调抓现场和抓细节，却没有对员工进行工作分析。他根本不了解自己的员工真正有多少时间在做有效工作，有多少时间是在休息。如果老板对每个岗位每天的工作量进行分析，就能发现很多岗位是可以改善或减少的，因为有些岗位的设置根本不合理。

对于企业来说，工作细化是非常重要的。将每个岗位每天要做的工作进行细分，设置不同的职位，进行良好的分工和合作，保持工作各个环节流畅，对各工作流程及时跟进，确保各项工作按原定计划顺利进行，这样将大大提高生产效率和工作效率。如果老板不能将工作中分派的任务进行细化，那么，在执行过程中，就会由于细化不到位，而导致工作目标延期完成，甚至无法完成。不但影响了工作进度，而且增加了人工成本。

另外，让员工之间互相监督，也不失为一种不错的管理方法。这样就能充分调动员工参与管理工作的积极性，可以为企业节省一笔不小的管理人工工资资金。当然，老板不能通过降低员工的工资福利待遇来降低人工成本，但是可以在规定的工作时间内，适当增加一些工作任务与工作量。要知道，很多企业之所以强大，不是因为规模大、员工多，而是成本低、员工少，创造的利润多。

有句话说得好："不积跬步，无以至千里；不积小流，无以成江海。"要想在激烈的市场竞争中立于不败之地，老板就要做好成本控制。因为成本控制是企业开源节流、提升企业核心竞争力的有力武器。只要老板有节省成本的意识，有效控制成本的浪费，将钱花在刀刃上，不该花的钱一分也不花，就不但能为企业带来一笔不小的利润，还能不断推动企业稳步经营，健康发展。

# 第二节
## 揪出内部大老鼠：控制隐性成本

　　隐性成本是一种隐藏于企业总成本之中、游离于财务审计监督之外的成本，是由于企业或员工有意或无意的行为所造成的具有隐蔽性的将来成本和转移成本，是成本的将来时态和转嫁的形态的总和。比如：信息和指令失真、管理层决策失误等所带来的巨额成本等。与显性成本相比，这些隐性成本具有隐蔽性、放大性和爆发性三大特点。对于企业来说，隐性成本虽不在传统成本范畴内，却占总成本比重的 50% 以上；且由于无法被及时发现，故而它对企业的影响是非常巨大的。所以，各位企业老板一定要重视。那么，哪些是企业内部的隐性成本，对隐性成本具体又该如何控制呢？

### 1. 人力资源隐性成本

　　人力资源是企业的战略性资源，对企业发展起着非常关键的作用。一般来说，人力资源隐性成本会给企业造成较大的损害。比如：人员离职成本、人才浪费等。那么，它是如何产生的呢？其实，很多企业老板在招聘过程中，往往过于重视学历，忽视人才的实际能力以及企业自身的需要，造成企业员工"学历虚高"的现象。在企业用这些"高学历"人才时，往往大材小用，造成人才浪费以及企业人力隐形成本的增加；而另一些人才由于自我价值难以实现，只能频繁跳槽，如此一来，人力隐性成本便会增加。同时由于相关的技术（甚至核心技术）随离职者一起带走，所以企业的损失无可估量，还有员工的离职，也会影响企业团队的士气等，进而影响企业的正常经营和管理。

如果老板想降低人力资源隐性成本，可以从以下两个方面进行：

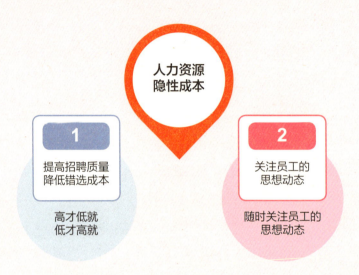

图5-4　人力资源的隐形成本

**（1）提高招聘质量，降低错选成本**

在招聘过程中，老板错误的甄选会导致新聘人员的低效成本，而且一些不合适或不合格的人员的离职也会带来新的补充成本。为了避免人才层次搭配不合理，比如：高才低就、低才高就等，以及专业结构搭配不合理而造成的损失，老板一定要根据企业自身实际情况和需要，正确选择并合理配置人力资源。

**（2）关注员工的思想动态**

作为老板，一定要随时关注员工的思想动态，尤其是核心人才或关键岗位人才。通过有效的奖励措施，来提升员工能力，培养员工的忠诚度，避免因奖励不当而导致企业员工积极性下降。这样，可以有效降低因员工离职而带来的隐性成本。

## 2. 企业战略选择的隐性成本

一般来说，企业采取何种竞争战略与成本有着紧密相连的关系，"竞争战略之父"迈克尔·波特认为，正确的竞争战略基本可以分为三类：成本领先战略、差异化战略和专一化战略。在企业战略方面，如果老板能够根据市场环境和企业的实际情况而采取比较适当的竞争战略，并且能够继续执行下去，通常都能获得成功。然而有些老板为了追求"大而全"，盲目地采取混合战略，比如：追求成本的领先和差异化，这样就会增加企业的失败率。

另外，有些企业虽然选定了战略，却没有始终如一，频繁改变战略，比如：追求"市场热点"或"暴利"等。由于战略缺乏稳定性，导致企业以失败而告终。不难看出，企业之所以失败，是因为战略的混乱，而这种混乱使企业迷失了方向，造成其成本的增加和价值观的混乱，这是一笔不小的隐性成本。实际上，战略的混乱、前后不一致的选择，都会使企业失去自己的特色，都会导致企业大量资产的限制和浪费，从而造成内部文化的冲突。这些看不到的隐性成本，对企业来说，影响是非常巨大的。

那么，在战略选择上，老板应该正确评估其预期效益，不应该盲目追求时下市场热点，一旦选择好战略，就要从一而终，企业才能逐渐由小变大，由弱变强。除此之外，老板还要敢于做减法，只有剥离那些不具备战略意义的低效业务产品，才能突出企业核心能力，实现资源的最优配置，从而有效避免企业什么都想做，但最后什么都没有实现的惨败局面。

## 3. 组织整合的隐性成本

组织结构整合指的是在合并后的企业组织机构和制度上，进行调整或重建，达到降低内耗，提高运作效率，增加企业的组织协同力的目的。这是企业最常用的组织结构变革方式，也是一种计划式变革。

一般来说，低效的组织会给企业带来大量的隐性成本，比如：对于内部机构设置的职能划分不清，分工不明确，在工作开展过程中互相推卸责任等情况，如果老板能够及时做出相应的调整和改革，就能避免这些隐性成本的出现和增加。但若企业没有及时解决这些问题，那么老板做出的一些正确决策就没有办法执行下去，而执行力度的缺乏则严重制约了企业的自身发展，这种隐性成本的影响是非常巨大的。

另外，企业在发展过程中，如果流程不规范、不完善、不切实、不标准，就会给其带来重复和无效的作业。这种隐性成本会对企业产生负面作用，使企业额外多支付一部分成本。如果老板想要有效控制组织运行所带来的隐性成本，就可以通过有效的组织整合方式，其中包括：部门整合、流程重组、扁平化等方式，让各部门管理层认真履行自己的职责。企业管理者一定要减少重叠、无关等无效的管理流程环节，打造精练高效的管理流程，同时精简机构，消除臃肿的机构和组织，真正地实现砍掉成本、组织利益最大化的目的。

当然，伴随着企业规模不断壮大、企业业务发展的变迁，企业组织运行的隐性成本也在不断增加。所以，老板们必须要坚持组织整合，并且坚定不移地执行下去，通过有效的变革和整合，砍掉那些对组织没有任何价值的虚枝假叶，从而提高整个企业的工作效率，降低各种费用成本，增加利润。老板们还要克服自我的惯性思维，与时俱进，敢于质疑，有前瞻性和全局意识。管理者的这些思想，对减少企业的隐性成本有很大的作用。

通过以上几个方面，老板可以从中了解到隐性成本产生的原因，以及对企业造成的影响。其实，在企业内部，不管是企业的各部门、各个流程还是每个环节，隐性成本时时刻刻都是存在的。只不过，老板更多的是看到企业的现行成本，而对于隐性成本是没办法直接看到的，但隐性成本对企业的危害是非常巨大的。所以，老板必须要转移成本管理的重点，由对显性成本的控制转向对隐性成本的控制，并树立成本经营的管理理念，将隐性成本纳入成本控制的战略计划内，只有这样才能真正制定出行之有效的各种隐性成本控制政策。总之，老板要想真正实现成本控制，就必须揪出内部大老鼠——隐性成本。

## 第三节 ‖‖‖‖‖‖‖‖‖‖‖‖‖‖‖‖‖‖‖‖‖‖‖‖‖‖‖‖‖‖‖‖‖‖‖‖‖‖‖‖‖‖‖‖‖‖‖
## 成本控制都包括哪些内容

在日常生产经营过程中，企业不可避免要产生成本耗费，比如：材料费、人工费等。从本质上来说，成本就是老板做出的一种付出，没有付出就没有回报。对于老板来说，创办企业的目的就是盈利。他们通过缩减成本费用来获得利润最大化，从整体上来提高企业的经济效益。虽然，成本不可能被无限制地降低，但可以被控制。

成本控制是企业在生产经营过程中，根据原定的成本目标，对生产经营中的各个环节、要素进行规划和调整，以便能够及时改变成本超额的现象，将实际消耗控制在预算范围内。对于企业而言，成本控制是一项庞大而烦琐的系统工程，所涉及的方面很广泛，比如：研发、生产、筹资等，只有将这些方面的控制目标都实现了，才能真正完成企业成本控制的目标。

那么，老板想要实现成本控制的目标，就要对成本控制有一个大致的了解，只有知道成本控制都包括哪些内容，才能做出相应的控制决策。

实际上，成本控制的内容非常广泛，老板绝不能事无巨细地平均使用力量。在成本控制过程中，要有重点、有目的和有选择性地进行区别对待。由于所处的企业和行业不同，各企业的成本控制重点也会不同，但控制的内容不外乎就是成本形成过程和成本费用，老板可以从这两种分类的角度进行考虑。

### 1. 成本形成过程

从成本形成过程的角度来说，它包括三个方面：产品投产前的控制、制造过程中的控制和流通过程中的控制。具体如下：

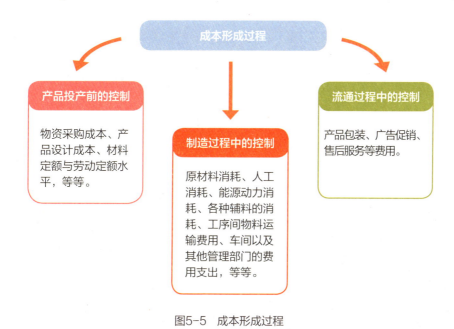

图5-5　成本形成过程

### （1）产品投产前的控制

产品投产前的控制的主要内容包括：物资采购成本、产品设计成本、材料定额与劳动定额水平，等等。这些内容对成本的影响非常大。因为这个阶段的成本大约占产品总成本的60%，所以，做好产品投产前的控制工作很重要。因为，这部分成本控制是产生在企业的真实成本之前，故而，这项控制属于事前控制方式。它将直接决定企业成本在未来是如何产生的。可以说，产品投产前的控制已基本决定了产品的成本水平。

### （2）制造过程中的控制

制造过程是成本实际形成的主要阶段，企业进行各种财务活动所使用的成本支出大部分都会在这个阶段产生。其中主要包括：原材料消耗、人工消耗、能源动力消耗、各种辅料的消耗、工序间物料运输费用、车间以及其他管理部门的费用支出，等等。在进行投产前控制时，企业设计和制定各种成本控制的方案以及控制措施，这些都会在制造过程中贯彻实施。而企业原定的成本控制目标最终能否实现，与这个阶段的控制活动有着非常密切的联系。可以说，制造过程中的控制属于事中控制方式。由于成本控制的核算资讯不容易及时得到，这样就不能及时核算和反馈所产生的成本费用，这就会对事中控制带来很多不必要的麻烦。

### （3）流通过程中的控制

流通过程主要包括：产品包装、广告促销、售后服务等费用。当老板想要加强企业市场管理职能时，很容易陷入一个误区：在销售活动过程中，为了扩大销量，企业往往爱采用各种促销手段，而不考虑促销成本的多少，甚至不惜代价进行宣传促销活动，结果，大大增加了销售成本，抵消了利润增量。所以，老板一定要先对促销进行定量分析，这样才能做出正确的销售决策。

### 2.成本费用

从成本费用的构成角度来看，它大致可以分为：原材料成本控制、工资费用控制、制造费用控制和企业管理费用控制四个方面，具体如下：

图5-6　成本费用

### （1）原材料成本控制

在制造业中，原材料费用在企业总成本中占有的比重非常大，在60%~90%，是成本控制的主要方面。然而，原材料成本并不是固定不变的，影响它的因素有很多，其中包括：采购、生产消耗、回收利用等。老板在经营活动中进行原材料成本控制时，可以从采购、库存管理和消耗三个环节进行控制。

### （2）工资费用控制

与原材料成本相比，工资在成本中所占比重比较小，但它也占据着一定的比重，也不容忽视。对于老板来说，增加工资是不可逆转的，在进行工资费用控制时，要使工资的增加低于企业劳动生产率的增长。这样才能有效减少单位产品中工资所占的比重，降低人工工资成本。

那么老板如何能提高企业劳动生产率来达到这个目的呢？劳动生产率与劳动定额、职工出勤率和工作效率等因素息息相关，老板可以从这几个因素来着手考虑和控制。

### （3）制造费用控制

制造费用虽然在成本中所占的比重很小，但是，积少成多，因此它也是个不容忽视的方面，应该引起企业老板们的重视。否则，就会出该节约时不节约的浪费现象。例如，生产车间中的水龙头坏了，不断滴水跑水，无人问津，造成水的浪费；用电也是这样，不使用时，也不关闭；不生产时，机器还在运转着，造成极大的不必要的消耗；还有不重视机器的保养和维护，则增加了折旧费、修理费等。因而重视制造费用的控制也是不可忽视的一项内容。老板在进行这项控制时，可从这些方面进行考虑。其实，关于制造费用开支的方案有很多，只要能重视它，就一定能制定出一些行之有效的控制方案。

### （4）企业管理费用控制

企业管理费用，它主要指的是企业在进行管理和组织生产中所产生的各项费用。关于企业管理费用的控制方案也很多，这里就不一一列出。老板在进行成本控制时，企业管理费用控制也是最不容忽视的一项内容。

　　总之，在老板进行成本控制时，要知道一点：上述这些方面都是绝对量的控制，即把成本支出控制在一个绝对的金额中的一种成本控制方法。企业为了提高经济效益、增加利润，必须增加收入、节约支出，即开源节流。绝对成本控制，是控制支出、降低消耗，属于节流方面。最后，提醒各位老板的是：成本控制最关键的是构建合理的资本结构。在构建合理的资本结构时，一定要考虑成本和风险这两个因素。

# 第四节
## 成本控制要遵循的流程

　　企业是以营利为目的，那么，老板想要扩大企业的利润空间，就只能从开源和节流两个方面着手。然而，在同一市场和同一生产技术条件下，老板想要开源，比如：提高产品的质量等，却并非想象中那样简单。最后，老板只能通过节流来降低成本费用。

　　什么时间？在哪儿能购买到物美价廉的原材料？怎么能将一分钱变成两分钱花等，这些都是降低成本的节流方面的内容。对于老板来说，想要高效管理成本费用，获得利润最大化，就必须要做好成本控制。那么，老板在进行成本控制时，必须要遵循以下流程：

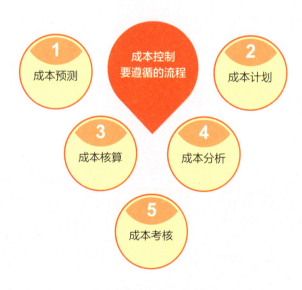

图5-7　成本控制要遵循的流程

## 1.成本预测

成本预测是指老板采用一定的科学方法，对未来成本水平以及变化趋势做出科学的估计。通过成本预测，老板不但能够掌握企业未来的成本水平以及其变化趋势，还能有效减少决策的盲目性。通过成本预测，从众多方案中选择最佳的方案，从而做出正确的决策。

成本预测具有科学性、可靠性和可修正性三大特点。成本预测可以从预测的期限和预测的内容这两个方面进行分类。从预测的期限来看，成本预测可以分为短期预测和长期预测。其中短期预测指的是一年以内的预测，比如：按月、按季或按年。而长期预测指的是对一年以上进行预测，比如：两年或五年。从预测的内容来看，可分为制订计划或方案阶段的成本预测，以及计划实施阶段的成本预测。当老板进行成本预测时，可以按照以下几个程序进行：

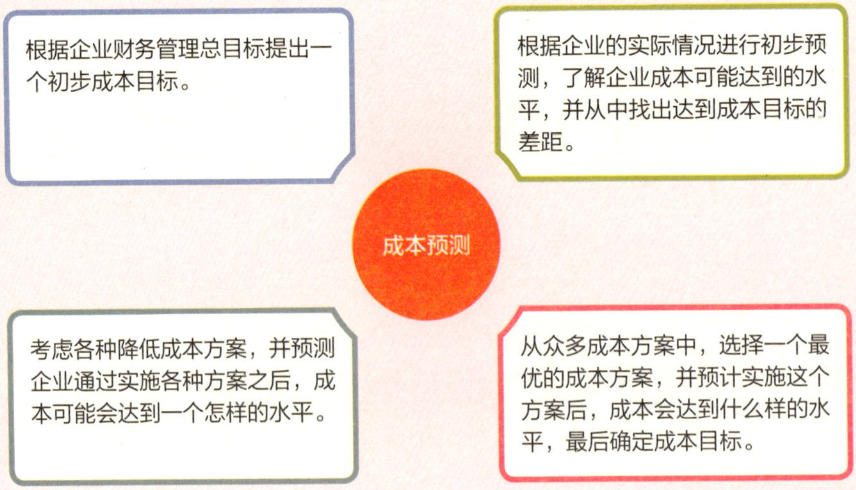

根据企业财务管理总目标提出一个初步成本目标。

根据企业的实际情况进行初步预测，了解企业成本可能达到的水平，并从中找出达到成本目标的差距。

成本预测

考虑各种降低成本方案，并预测企业通过实施各种方案之后，成本可能会达到一个怎样的水平。

从众多成本方案中，选择一个最优的成本方案，并预计实施这个方案后，成本会达到什么样的水平，最后确定成本目标。

图5-8 成本预测的程序

①根据企业财务管理总目标提出一个初步成本目标。

②根据企业的实际情况进行初步预测，了解企业成本可能达到的水平，并从中找出达到成本目标的差距。不过，初步预测是在不考虑任何特殊的降低成本措施的情况下，根据当前主客观条件的变化，预测出企业未来时期成本可能达到的水平。

③考虑各种降低成本方案，并预测企业通过实施各种方案之后，成本可能会达到一个怎样的水平。

④从众多成本方案中，选择一个最优的成本方案，并预计实施这个方案后，成本会达到什么样的水平，最后确定成本目标。

以上成本预测程序只表示单个成本预测过程。如果企业要想达到最终正式的成本目标，这种过程就必须要重复多次才行。换句话说，只有经过多次预测和比较，以及不断修改和完善初步成本目标，最后才能确定正式的成本目标，并以此目标来组织实施成本管理。

## 2. 成本计划

成本计划是企业生产经营总预算的一部分。它以货币形式规定企业在计划期内产品生产耗费和各种产品的成本水平以及相应的成本降低水平和为此采取的主要措施的书面方案。成本计划属于成本的事前管理，是企业生产经营管理的重要组成部分。它通过对成本的计划与控制，分析实际成本与计划成本之间的差异，指出有待加强控制和改进的领域，达到评价有关部门的业绩、增产节约、促进企业发展的目的。成本计划的内容主要分为两类，具体如下：

### （1）成本费用预算

成本费用预算是一项综合性预算。它的编制工作一定要在遵循成本效益原则的前提下，充分体现从严、从紧，处处精打细算，量入为出，勤俭节约的原则。成本费用预算的编制应以目标成本费用为依据，并与预算年度内其他各有关专业紧密衔接，与成本费用计算、控制、考核和分析的口径相一致。而在企业生产中的主要成本费用是由生产费用要素来反映的。

（2）产品品种预算编制

产品品种预算编制反映的是企业计划时期内产品预计成本水平的产品成本计划。而产品成本计划主要包括单位产品成本计划和全部产品成本计划。当老板想要进行成本计划时，可按照以下编制程序进行：

①制订成本计划的编制原则。企业编制成本计划时，需遵循的原则主要有以下几个方面：

首先，编制成本计划应以先进合理的技术经济定额为基础，并有具体的措施做保证；

其次，成本计划的编制，要严格遵守成本开支限定范围，注意成本计划与成本核算的一致性；

再次，成本计划的编制，必须同其他有关计划紧密衔接，相互促进，保证企业经营目标的实现；

最后，成本计划的编制，要实行统一领导、分级管理的原则，尽量吸收计划执行者参加。

②收集和整理资料是成本计划的基础工作。收集的资料主要有：计划期内企业的生产、劳动工资等计划和上期产品成本资料等。

③预计并分析上一年原定成本计划的完成情况，从而确定生产和销售预算。

④进行成本指标的试算平衡。成本试算平衡是制订成本计划的重要环节。在国有工业企业中，为了加强成本的计划管理，不断提高经济效益，正确地编制成本计划，在正式编制成本计划之前，都进行成本指标的试算平衡，以便通过对基年成本指标完成情况的分析，充分挖掘降低成本的潜力，

寻求降低成本的途径，制定降低成本的措施，计算出各项措施对降低产品成本的影响。这样，不仅使成本计划同其他有关计划紧密结合，而且可以事先做到心中有数，确保成本计划具有先进性和可靠性。

⑤编制成本计划。

值得注意的是，老板在进行成本指标的试算平衡时，不仅要考虑计划期内各种因素的变化和所采取的增产节约的措施，还要反复测算并确定计划期内的目标成本。同时，也要综合平衡一下其他计划指标，比如：产品材料计划和物资供应计划的互相衔接平衡等。

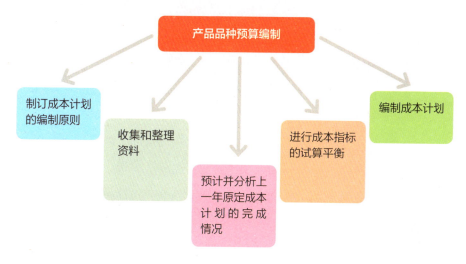

图5-9 产品品种预算编制

## 3.成本核算

成本核算是企业通过对成本的确认、计量、记录和分配等一系列活动，最后确定成本控制的效果。成本核算能够反映出成本管理各环节的准确信息。通过它，老板就能了解企业生产经营管理的效果。比如：企业劳动生产率的高低，原材料和能源的消耗情况，等等，这些都会在成本中直接或间接地表现出来。

老板进行成本核算时，可采用的方法有很多，比如：品种法、分批法、平衡结转分步法等。可以按照以下程序进行，具体如下：

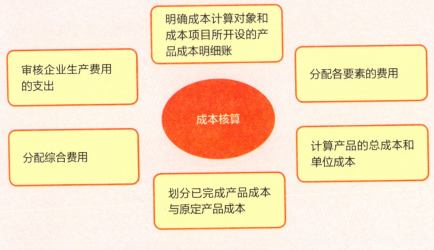

图5-10　成本核算

①审核企业生产费用的支出。

②明确成本计算对象和成本项目所开设的产品成本明细账。

③分配各要素的费用。

④分配综合费用。

⑤划分已完成产品成本与原定产品成本。

⑥计算产品的总成本和单位成本。

### 4.成本分析

成本分析是企业根据成本核算和其他相关资料，来分析企业成本水平与构成的变动情况，并从中找出影响成本的各种因素以及变动的主要原因，然后，找到降低成本途径的分析方法。

老板在进行成本分析时，可采取的方法有很多，比如：连锁替代法、比率法等，它的具体流程如下：

图5-11　成本分析

（1）明确分析目的

一般来说，分析成本的目的有以下三个：

①降低成本，找到成本降低点。

②为业绩评价提供依据。比如：企业的成本实施预算、销售费用预算达成率等。

③为管理者提供信息支持。比如：公司的产品定价信息等。

（2）确定分析对象

确定分析对象指的是确定以材料成本和销售费用等作为分析的对象。

（3）数据的收集和汇总

当分析对象确定后，企业就要围绕这个对象进行数据的收集和汇总。不过，收集和汇总数据时，一定要及时、完整和准确才行。

（4）运用适当的分析方法

当选择分析方法时，老板一定要根据企业的实际情况去选择，分析方法尽量实际些，还要有点创新。

### （5）得出分析结论

不管从财务分析报告还是从哪方面，得出的结论不管是好是坏，都不能太过于主观，要客观对待，观点要鲜明简练。

### （6）提出优化与改进建议

在以上工作完成后，最后要提出优化和改进建议。这种建议便于企业营造更良好的成本核算、分析和控制的环境，制定更准确、更有效的产品成本目标。

### 5.成本考核

成本考核指的是企业定期对成本指标进行对比分析，全面审核和评价成本目标的实现情况和成本指标的完成结果。当进行成本考核时，老板如果发现产品实际成本与原定计划成本有很大的差距，就要及时采取相应的措施，比如：改进工作绩效、修订成本控制标准等，组织、协调企业财务活动，达到圆满完成成本控制计划的目的。

成本控制是成本管理的关键，在日常生产经营中，老板只有做好成本控制工作，才能真正实现成本预算所定的成本目标。在成本控制过程中，老板不仅要做好监督管理工作，还要充分调动各级工作人员的积极性，使他们能够自觉完成自我控制。只有这样，成本控制才能依靠群众的力量得以顺利进行。

## 第五节
## 老板必须看懂的成本控制表单

　　当充分掌握成本控制的相关内容和流程后，老板还必须要学会看懂成本控制表单。从控制表单上，老板能够清楚地知道企业经营活动中所花费的成本费用，比如：原材料、人工等，知道企业资金的流向，做到心中有数。一旦发现某项成本费用太多，老板还可以想出相应的措施，以达到有效控制成本的目的。

　　那么，老板要想有效控制成本，必须要看懂成本控制表单。成本控制表单主要包括成本估价表、成本计算表和成本汇总表。

### 1. 成本估价表

　　成本估价表是一种老板运用成本估价法估计产品价格的非常重要的工具。它详细记录了产品成本的具体构成信息。通过成本估价表，老板可以更加深入地了解产品成本状况，还能分析出各项成本项目是否合理，审查产品的成本估价是否科学合理。下面是成本估价表的格式，可供各位老板做参考。

表5-1　成本估价表

_____年___月___日　　　　　　　　　　单位：元

| 类别 | 零件 | 数量 | 件号 | 原料价格 | 加工成本 | | | 成本 | | | | |
|---|---|---|---|---|---|---|---|---|---|---|---|---|
| | | | | | A | B | C | | | | | |
| 材料成本 | | | | | | | | | | | | |
| | | | | | | | | | | | | |
| | | | | | | | | | | | | |
| | | | | | | | | | | | | |
| 其他成本 | 装配成本 | | | | | | A | B | C | D | F | 备注 |
| | 人工 | __人 | 制造费用 | __元 | | | | | | | | |
| | 工资 | __元 | 分摊比率 | __% | | | | | | | | |
| | 每日产量 | __件 | 每月产量 | __件 | | | | | | | | |
| | 每件工资 | __元 | 每件费用 | __元 | | | | | | | | |

审核人：　　　　　　　　　　制表人：

## 2.成本计算表

成本计算表主要是记录某类产品各成本项目的详细数据以及总成本的计算结果。通过成本计算表，老板可以轻松掌握该类产品的成本构成，并以此为依据来分析各成本项目的实际金额是否具有科学性和合理性，进而判断出该类产品在生产过程中是否真正做到了有效的成本控制。下面是成本计算表，可供各位老板做参考。

## 表5-2　成本计算表

_____年____月____日　　　　　　　　　单位：元

| 产品名称 | | 计算期间 | | | | |
|---|---|---|---|---|---|---|
| 成本项目 | 第1个月 | 第2个月 | 第3个月 | 第4个月 | 第5个月 | …… |
| 直接材料成本 原材料 | | | | | | |
| 燃料动力 | | | | | | |
| 包装物 | | | | | | |
| 外购半成品 | | | | | | |
| 修理用备品备件 | | | | | | |
| 其他 | | | | | | |
| 直接人工成本 | | | | | | |
| 制造费用 设备折旧、维修费 | | | | | | |
| 生产管理人员薪酬福利 | | | | | | |
| 劳动保护费 | | | | | | |
| 水电费、取暖费 | | | | | | |
| 运输费、保险费 | | | | | | |
| 租赁费、差旅费 | | | | | | |
| 设计制图费 | | | | | | |
| 试验检测费 | | | | | | |
| 外协费用 | | | | | | |
| 其他 | | | | | | |
| 总成本 | | | | | | |

审核人：　　　　　　　　　　　制表人：

## 3.成本汇总表

　　成本汇总表主要是记录企业各类产品在不同时期的重要成本信息。其中包括"产量""销售额""成本""毛利"和"增长率"。通过成本汇总表，老板能够详细掌握企业各类产品的成本、盈利信息，还能对同一时期的不同产品或不同时期的相同产品的信息数据进行比较。老板根据对比的结果，对企业的产品结构进行正确规划，从而达到有效控制成本和提高盈利水平的目的。下面是成本汇总表的格式，可供各位老板做参考。

表5-3　成本汇总表

_____年___月___日　　　　　　　　　　　　单位：元

| 产品名称 | 第一期 | | | | | 第二期 | | | | | 第三期 | | | | |
|---|---|---|---|---|---|---|---|---|---|---|---|---|---|---|---|
| | 产量 | 销售额 | 成本 | 毛利 | 增长率 | 产量 | 销售额 | 成本 | 毛利 | 增长率 | 产量 | 销售额 | 成本 | 毛利 | 增长率 |
| | | | | | | | | | | | | | | | |
| | | | | | | | | | | | | | | | |
| | | | | | | | | | | | | | | | |
| | | | | | | | | | | | | | | | |
| | | | | | | | | | | | | | | | |
| | | | | | | | | | | | | | | | |
| | | | | | | | | | | | | | | | |

审核人：　　　　　　　　　　　　　　　制表人：

## 第六节
## 钱不是越省越好：哪些钱老板一定不能省

　　如何管理好企业的钱，将每一分钱都用在刀刃上？这是很多老板都在思考的问题。但实际上，一些老板根本不知道钱如何使用，在哪些方面该花，在哪些方面不该花；还有些老板抱着能省则省的心态，着实有点吝啬，该花的钱也不舍得花；而

钱不是
越省越好

图5-12　钱不是越省越好

有些老板则不该花的没少花，而该花的，却舍不得花。结果财务状况总是不尽如人意，企业也常常会因此进入瓶颈，影响长远发展。

　　其实，有些老板节省一些成本钱，也是为了杜绝成本浪费，想为企业省下一笔利润，其出发点是好的。但由于他们根本不懂如何管理企业钱财，不知道钱不是越省越好，而且，有些钱是万万不能省的。因为从短期来看，有些钱是省了，支出少了，但从长远来看，对企业是有害无利的，并不能真正达到降低成本的目的。那么，对一个企业老板来说，到底哪些钱一定不能省呢?

## 1.产品成本

产品成本是产品价值的重要组成部分，是企业为了生产产品而产生的各种消耗。一般来说，产品成本的高低直接影响产品质量的好坏，质量好的产品才能为企业带来更多可观的利润。而有些企业老板为了获取更多的利润，常常偷工减料，能省则省，最后，产品成本虽然是降下来了，但产品质量却缺乏了保障。这样，企业的声誉受到了严重的影响，导致企业产品的销量大幅下降，造成大量的产品库存积压，产品卖不出去。这样，既增加了产品的储存成本，又使资金成本不能及时收回，严重地影响了流动资金正常运转，导致生产停滞，甚至企业破产。故而，不合理的省钱方法，不但不会达到开源节流、增产增收的目的，还会给企业带来更恶劣的后果。

## 2.员工培训

在企业众多投资中，没有什么比培训更划算，比培训的回报率很高。对于普通员工来说，通过培训后他们可以学习到很多知识，提高自身的能力，提升工作表现，也能获得更多的发展机会；对于管理层来说，通过培训，他们不但可以暂时缓

图5-13　员工培训

解一下工作压力，还能更好地做好管理工作，履行管理层的职责，有效帮助员工发展，与员工建立一种良好的关系；对企业来说，培训不但可以提高员工的各项技能，比如：与人沟通能力、产品知识运用能力、技术技能等，还能充分调动员工的工作积极性，增强其自信心和责任感，并能更加有效地善用人才，挖掘人才的潜能，为企业创造更多的价值，进而增强公司的生产力和竞争力。

## 3. 招兵买马

企业有很多资源，而人才可谓是企业的第一资源。因为人才是起始资源，而其他资源都是人才创造出来的。所以，人才很重要，它是企业的重要组成部分。然而，虽然很多企业老板都意识到了人才的重要性，他们也拥有不少人才，也非常舍得花钱去培养人才，但效果并不明显。这是因为在招聘时，老板没有选对人。要知道，每个高效人才的背后都掩藏着"天赋"二字，老板要做的就是选对人，而不是改变人。

在实际招聘过程中，企业老板常常会遇到"能人难招，庸人难用"的问题。其实，这就告诉老板只有选择正确的招聘渠道，才能找到合适的人才。招聘人才的渠道有很多种，比如：内部招聘、员工推荐、招聘网站等。但是有些老板为了省招聘钱，往往通过员工推荐，因为大家认识的人毕竟很有限，故而只能在有限的人员里来招兵买马。通过这种渠道招来的员工一般是比较可靠的，但往往都不是企业真正想要的人才。所以，老板想要招到自己真正想要的人才，招兵买马的钱一定不能省！

## 4. 薪酬待遇

企业都是以营利为目的的，员工为企业创造了价值，企业理应给予员工相应的回报。企业给予员工的薪酬和待遇等物质回报以及精神回报，都是对员工价值的衡量和肯定。当员工觉得自己的价值被正确地衡量和肯定时，他们就会激发出自己的工作热情。这样，企业和员工就能实现双方共赢的目的。

然而，有的企业老板为了获得更大的财富，不惜压榨员工的劳动力，不给予员工平等的工作待遇，不是延期发放员工工资，就是对员工过于苛刻，因一点失误就会克扣工资。长此以往，公司的人才将不断流失，刚培训好一个员工还没待多久，就走了；刚熟悉工作技能等，又走了。如果企业不断地招兵买马，循环往复，那么很难长久稳定地发展，同时也会给公司带来很大的损失。所以，不管是管理层还是普通员工，老板都要根据其工作的价值，给予他们应有的薪酬待遇。只有这样，公司才能留住人才，才能使企业健康稳定地发展。所以，给予员工或管理层应有的薪酬待遇，该给的一分也不能省。

图5-14　薪酬待遇

## 5. 引进先进设备和技术

有些老板认为购买新设备和技术，成本过于高昂，舍不得花费这点钱，就一直还在使用传统的设备和技术。与同行业相比，不仅生产力低下，而且工作效率也不高，根本无法与现代企业相抗衡。这样不但无法达到有效控制成本的目的，而且在无形中还增加了不少成本，对企业的长足发展极为不利。

对于企业来说，由于不同企业拥有不同的技术装备，其反映出的生产设备能力利用的技术经济指标也是不同的。这些技术经济指标与产品的总产量有着非常密切的关系——无论是设备还是技术。因为先进设备都要比传统设备能节省大量的时间和人力，所以大大提高了生产效率。从长远来看，老板花费一点钱购买先进设备和技术，不但可以降低成本，而且可以提高企业的核心竞争力。所以，这笔钱花得非常值得。

## 6. 自我投资

老板作为企业的管理者，管理着企业大大小小的事，即便各个部门都设有相关管理层人员去管理，但最终决策的还是老板自己。而且老板做出的每项决策都会直接影响企业的兴衰。对于管理层人员的提议，如果老板对企业没有个大致的了解，就不能做出正确的决策。尤其是在财务管理方面，如果老板自己都看不懂财务报表，那么，财务管理就很容易出现各种漏洞。不懂财务的老板，如何能让企业获得利润最大化，从而吸引更多的投资者来投资呢？

老板对财务虽不需要做到精通，但也要看得懂。那么，老板就要舍得花钱来自我投资，提高自己各方面的能力。不管是人际交往还是管理能力，这对于企业的发展都是非常有利的。只有老板懂得的多，才能改变眼界和思想，才能看到更多别人看不到的商机。所以，自我投资这笔钱不能省！

以上就是老板绝对不能省钱的主要的几个方面。它们都有一个共同点：增值。没错！只要老板将钱花在能够使企业产生增值的地方，这就相当于一项长期投资，定能在不久的未来，收获意想不到的收益。正所谓，不学会花钱，怎么能学会省钱。做老板，就应该将钱花在刀刃上，对于不产生增值效益的地方，绝不能花费一点钱，对该花的钱，一分钱也不能省。只有这样，才能达到真正有效降低成本的目的。

# 第六章

# 投融资管理：没钱怎么办，有钱怎么花

在整个企业财务管理中，投融资管理是非常关键的一个内容。对于老板来说，融资就是用别人的钱，赚取自己的财富，而投资就是用自己闲置的钱去生钱。如果老板对投资和融资不了解，遇到问题就无法做出最正确的选择，比如：没钱怎么办，有钱怎么花？老板只有掌握了投融资管理的相关知识，才能掌握投融资的最佳时机，获得更大的企业价值。

## 第一节 ‖‖‖‖‖‖‖‖‖‖‖‖‖‖‖‖‖‖‖‖‖‖‖‖‖‖‖‖‖‖‖‖‖‖‖‖‖‖‖‖‖‖‖‖‖‖‖‖‖‖‖‖‖‖
## 让钱生钱：投资对企业的重要意义

在企业发展过程中，投资已成为各
位老板不可或缺的一项工作。但当他
们对投资做出重大决策时，往往都比较
迷茫。比如：企业需要投资吗？如果需
要投资，应该需要投入多少资金？成本
有多大？未来的投资收益有多少？老板
做出的这些决策都将直接决定企业的生
存和发展。对于资金有限的企业来说，
它们由于承担企业投资风险的能力比较
弱，投资管理和投资决策就显得非常重
要了；对于成熟企业来说，它们由于不
可能在很短的时间内就将自己的所有资

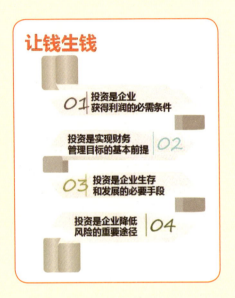

图6-1　投资对企业的意义

金都投入生产经营中，就会形成部分闲置的资金，这部分资金除了作为风险
准备金外，还可以被企业以投资的形式投放在市场，以获取相应的收益，增
加企业价值，这就是企业投资。可见投资对企业有着非常重要的作用，也有
着非常重大的意义，老板必须要深刻了解投资的重要性。

### 1. 投资是企业获得利润的必需条件

企业是以营利为目的，而利润就是企业进行生产经营活动时，所获得的
财务成果。如果企业想要获得更多的利润，就必须将筹集的资金进行投资，

或者企业用于自投，将资金直接用于企业的生产经营中，从而提高企业的生产力；或者企业将资金进行外投，以债券或股权的方式获得相应的报酬。所以，投资是企业获得利润的前提。

## 2. 投资是实现财务管理目标的基本前提

一般来说，企业财务管理的目标就是创造企业价值。如果想要达到这一目标，老板就必须要采取各种措施来降低风险和增加利润，其中投资是实现这个目标的重要举措。通过投资，企业能扩大生产，增加收入，提高利润，从而获得投资收益，使企业的资产保值增值；同时企业具有的市场价值能吸引大量投资者进行投资。这样通过其他企业对本企业的投资，企业再次大大提高了营利能力，创造了更高的价值。故而，企业的投资对实现财务管理目标具有重大意义。

不过，只有通过投资活动才能实现企业创造价值的能力。如果把企业看作一块蛋糕，那么，老板进行有效投资的目的就是让这块蛋糕越做越大，这样，与企业有利益关系的各方都能从中受益，获得相应的报酬，这就是企业财务管理的目标。由此可见，投资是实现财务管理目标的基本前提。

## 3. 投资是企业生存和发展的必要手段

对企业而言，投资不仅是维持企业再生产的基础，还是扩大再生产的必要条件。在进行正常的生产经营活动时，企业的各项生产要素都需要定期进行更新，只有不断有现金投入，才能确保企业生产的正常运行，这是企业生存的基本条件。同时，如果老板想要扩大企业的生产规模，也只有通过投资才能增加企业的资产。企业的生产规模不断扩大之后，如果老板想要维持企业的正常生产，还需要追加一定的营运资金，而这一切只有投资才能实现。所以，投资是企业生存和发展的必要手段。

## 4.投资是企业降低风险的重要途径

在市场经济条件下，企业在进行生产经营活动时，其中的风险是随时都存在的，这是任何一个企业都不可避免的事实。不过，企业风险存在的主要原因是商品销售数量是无法确定的，而影响商品销售数量的因素有很多，比如：质量、企业的成本费用等。如果老板想要降低各种财务风险，就必须要保证商品质量，保持技术的领先水平，而这些都必须需要投资，投资才能提高企业设备的技术含量。同时，还要进行多品种和跨行业经营，这些也需要投资来支持。

实际上，如果企业能够将资金投向生产的关键薄弱环节，就能够使企业各种生产经营能力具有配套性和平衡性，从而形成更大的综合生产能力；如果企业想要实行多元化经营，便可以将资金投向多个行业，以此来增加企业销售和获利的稳定性，这些都能够起到降低企业经营风险的作用。所以，投资是企业降低风险的重要途径。

当老板掌握了投资的意义，对投资就有了大致的了解。在进行企业投资时，老板一定要注意根据企业的实际情况，选择合适的投资方式，有效控制投资风险，相信老板定能获得不错的投资效益，从而实现企业的财务管理目标。

## 第二节
## 项目投资管理

在企业发展的过程中，绝大多数的企业都是背负融资外债的，即便如此，也不会妨碍企业用借来的钱去投资。然而，很多老板投资时，对风险认识不足，盲目投资，导致企业投资损失巨大。之所以会出现这种现象，就是因为他们对投资并不熟悉。与主营业务相比，企业投资更加复杂些。

企业投资的目的就是增加收益。在投资过程中，经济因素、规模因素等因素交织在一起就构成了风险。风险的不可预测性就注定了企业投资收益的不确

图6-2 项目投资管理

定性。如果老板想要进行项目投资，就要先了解一下企业项目投资的特点，其中包括项目投资的多样性、回收时限性、时间随机性、收益不确定性等。了解投资的这些特点后，就要对项目投资管理进行深入研究，只有这样才能有效降低投资风险，增加收益。

### 1. 项目投资管理的概念和特点

项目投资管理指的是企业对以特定项目为对象的投资行为所进行的全过程管理。与其他投资形式相比，项目投资具有内容独特、资金支出大、持续

时间长、投资风险大等特点。对于老板来说，项目投资是一项比较复杂的经济活动，要想加强财务管理，提高项目投资收益，就必须要了解项目投资的几种分类。

图6-3　项目投资分类

（1）按投资时间长短分类

按投资时间长短分类，可以分为短期投资和长期投资，具体如下：

①短期投资。

短期投资指的是企业购入的时间不超过一年（含一年），且随时都可以变现的投资。主要包括现金、短期有价证券等。

②长期投资。

长期投资指的是企业不满足短期投资的条件，不打算在一年或一年以上的经营周期内转变为现金的投资。主要包括固定资产、无形资产等。

（2）按决策角度不同分类

按照决策角度不同进行分类，可以分为采纳与否投资和互斥选择投资。具体如下：

①采纳与否投资。

采纳与否投资是在不考虑其他项目决策的条件下，企业对某一单个项目进行决策的投资。

②互斥选择投资。

互斥选择投资指的是在两个或两个以上的项目中，企业只能决策选择其中一个项目进行的投资。

### （3）按投资行为的介入程度分类

按投资行为的介入程度，可以分为直接投资和间接投资，具体如下：

①直接投资。

一般来说，直接投资包括企业内部直接投资和对外直接投资。其中，企业内部直接投资指的是企业内部直接将各项资产用于生产经营中的投资；而对外直接投资指的是企业持有的各种股权性资产。比如：持有子公司或联营公司股份等。

②间接投资。

间接投资指的是企业购买被投资对象发行的金融工具，将资金间接转移交付给被投资对象使用的投资。比如：企业购买特定投资对象发行的股票、债券等。

### 2.投资管理重点

根据项目投资的流程，项目管理主要包括项目评选、资金筹措、项目监督和效益评价四项管理重点。具体如下：

图6-4 投资管理的重点

145

（1）项目评选

项目评选是项目投资的初始阶段。其主要目的是决策选择企业需要进行投资的项目。当老板进行项目评选时，可以根据项目的客观评估结果，来综合考虑必要性、可行性等多方面因素。

（2）资金筹措

当老板确定投资项目后，就可以提前安排并筹措好投资所用的资金。不过，老板在进行资金筹措时，一定要根据企业的实际情况和经营规划来选择更合理的筹资渠道和筹资方法。

（3）项目监控

当项目实施后，老板应该对该项目的进程加以监控，这样能顺利实现企业的预期效益。一般来说，项目监控主要包括风险投资控制、不确定性因素监控以及异常问题监控等。

（4）效益评价

当企业因项目投资而取得阶段性效益或全部效益后，老板应该及时对效益状况做出评价。效益评价的目的不仅是让老板能够衡量项目投资的实际成果，还要成为日后老板进行项目投资可参考的依据。

对于企业而言，项目投资的目的就是为企业的闲钱寻找增值的途径。如果老板想要进行项目投资，就必须根据企业的实际情况，从众多投资类型中选择其中一种合理的，且能给企业带来预期收益的投资方式。然而，要想达到这一目的，老板就必须要深入了解有关项目投资的知识。只有对项目投资有了深刻的认识，才能将投资风险降至最低。

# 第三节
## 没钱才需要融资吗

随着市场经济的飞快发展，企业制度的建立，企业的融资渠道和融资方式也越来越多。但由于市场经济体制尚未成熟，在经营企业过程中，很多老板难免会遇到各种各样的困扰。其中，资金融资就是很多中小企业中普遍存在的一个问题。有些企业老板就会认为，没钱才需要融资，这种看法是比较片面的。无论企业

图6-5　没钱才需要融资吗

有钱没钱，都需要融资。一个聪明的老板，一定懂得借别人的钱来挣自己的钱，这就是用钱生钱的道理。

从狭义的角度来看，融资就是企业筹集资金的过程。也就是说，融资是老板根据企业的生产经营状况、资金拥有状况以及企业未来经营发展的需要，做出科学的预测和决策，并采用合理的方式，从合理的渠道向企业的投资者和债权人筹集资金，供给企业资金，以便维护企业的正常运行或经营活动需要的理财行为。而从广义的角度来看，融资就是货币资金的融通，是老板通过各种方式到金融市场筹措或贷放资金的行为。

因为资金是企业经济活动的一切推动力，而企业能获得稳定的资金来源、及时筹集生产要素所需要的资金，对企业的经营和发展有着非常重要的

影响，所以，融资很重要，老板必须要了解融资的必要性，才能更好地看待融资。

## 1. 融资是为了企业更好地投资

企业的最终目标就是实现企业价值最大化，而投资就是实现这一目标的必要途径。首先，老板想要壮大企业，就少不了投资，因为企业需要扩大经营规模就必须要进行固定资产投资。其次，在市场中，明显的和潜在的竞争随处可见。企业若要与其他企业竞争，就必须不断投资。如果企业采取保守的做法，只能保住一时，只有投资才是唯一的出路。再次，企业想要发展，投资是必不可缺的，不论研究开发还是提高生产效率，这些都离不开投资。

从广义来说，企业的投资主要包括引进设备和购买股票等，虽然企业可以用设备或无形资产等换取投资，但一般情况下，现金的流出都比较直接，对资金的需求是最根本的，企业要想实现自己的盈利目标就必须学会融资。

## 2. 融资是企业发展的必要途径

在市场经济中，适者生存、优胜劣汰是企业成长过程中的基本规律。如果企业想要继续生存下去，就必须要不断发展壮大起来。首先，在企业发展过程中，老板可以将企业生产经营所获得的利润进行再投资，用来不断扩大企业的生产经营规模；或者是通过发行股票和债券，或者向银行贷款等筹集资金的方式来实现。然而，企业不管采用何种投

图6-6　融资是企业发展的必要途径

资方式，都必须投入大量的资金，这是毋庸置疑的事实。其次，企业要向国

际市场进攻、占领市场、搞多元化经营，这些都需要巨额资金的支持。如果企业在争夺市场的过程中，资金不足，便会走向倒闭的尴尬局面，这就是商业经营的残酷性。再次，技术创新能够提高企业的核心竞争力，增强发展的源动力，把握企业生存发展的主动权，还能推动企业的健康发展，而技术创新需要充足的资金才能实现。可以说，充足的资金是企业技术创新的基本保障，也是创新的重要瓶颈。因为每一项创新都需要大量的资金支持。所以，融资是企业发展的必要途径。

## 3. 融资能够有效弥补经营资金的缺口

在企业日常生产经营中，如果企业出现了资金缺口问题，比如：有的企业所经营的产品与季节有很大的联系，到了旺季时，企业就需要大量的资金。如果企业的应收账款太多或恰巧手头资金比较短缺，这时，它就必须要进行融资。此时，企业通常会选择短期融资的方式来填补日常经营资金的缺口。

总之，在企业的发展过程中，融资是财务管理必不可少的一部分，它是企业加速发展的助推器，而滚雪球效应便是融资的最大意义所在。在企业资金不足的情况下，老板进行融资，能够快速扩大生产资本，以最短的时间购入足够的原材料等。在现代市场，很多企业都是通过融资迅速上市的。然而，融资还是企业老板的一把双刃剑，因为融资的利益明显，其风险也是无法避免的。老板只有选择正确的融资渠道和融资方式，才能降低风险，获得所需要的融资收益。所以，有钱没钱，企业融资都是能获得很大收益的。

## 第四节
## 融资决策管理

　　企业要发展，投资很重要，融资也同等重要，投融资是企业必然经历的一个过程。在全球市场经济中，金融创新十分活跃，企业进行融资的渠道越来越多，可以进行内部融资，也可以进行企业外部融资。对于企业老板来说，融资决策是必须要面临的一个问题，它将直接决定融资活动的方向、进展与结果，是企业生存发展的关键问题之一。那么，老板作为管理者，必须要掌握相关融资决策管理的知识，才能有效指导、监督、控制和审批工作，这样的融资决策才会更科学、合理。

企业要发展，投资很重要，融资也同等重要。

图6-7　融资决策管理

### 1. 融资决策管理的含义

　　一般来说，融资决策指的是企业根据融资目标要求，结合自身的实际情况，全面考虑融资条件、融资成本等多项因素，合理选择融资方式、融资渠道等事项，最后确定最佳融资方案的过程。

### 2. 融资决策的基本原则

　　对于老板来说，进行企业融资决策时，必须要遵循以下几项基本原则：

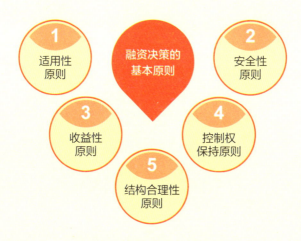

图6-8 融资决策的基本原则

（1）适用性原则

进行融资决策时，老板一定要认真考虑企业的真实需求和能力条件，同时，还要结合企业的其他业务，选择适用的融资方式进行融资。

（2）安全性原则

进行融资决策时，老板只有客观分析一下融资方案中可能存在的各类风险，才能有效控制融资风险。

（3）收益性原则

进行融资决策时，老板首先要有效控制融资成本，将融资成本降到最低，只有这样才能追求更高的融资效益。

（4）控制权保持原则

由于有些融资方式会分散企业的控制权，在进行融资决策时，老板应该选择比较合理的融资方式，以确保控制权的完整性。

（5）结构合理性原则

进行融资决策时，老板必须要合理配置权益融资与负债融资、长期融资与短期融资，这些都是老板需要注意的地方。

### 3. 融资决策的基本程序

一般来说，企业融资决策的基本程序包括以下几个步骤，具体如下：

图6-9　融资决策的基本程序

**（1）预测资金需求**

老板可以根据战略规划的要求，预测企业下一阶段的资金需求状况。

**（2）明确融资目标**

在需求预测结果的基础上，老板应该全面考虑其他变动因素，从而确定企业的融资目标。

**（3）设计融资方案**

根据融资目标，投融资专员应该设计一个融资专案，拟定一些融资的方式、渠道、结构等。

**（4）评审融资方案**

企业财务部应该成立一个评审小组，对融资方案的设计结果进行评价，如果有不足的地方，可以指出修正意见和改进方向。

**（5）调整反馈方案**

根据评审结果，投融资专员应该及时调整已反馈的融资方案，使融资方案变得更加完善。

**（6）方案审核审批**

如果调整后的方案已通过评审，投融资专员就可以将其上交给财务部经理进行审核，最后由老板负责最终的审批决策。

## 4.融资决策的三个关键点

在进行融资决策时，老板应该注意的三个关键点：

### （1）融资渠道决策

一般来说，比较常见的融资渠道主要有以下几种，当老板进行融资渠道决策时，可以根据企业实际条件去选择最适合的融资渠道。

图6-10　融资渠道

### （2）融资数量决策

融资数量指的就是企业进行融资活动时，筹集资金的总额度。当老板进行融资数量决策时，应该以企业资金需求的预测结果与战略规划的发展要求为基础，同时还要对企业的实际情况以及融资的难易程度等因素进行综合考虑，进而确定融资的数量，使融资的金额能保证满足企业对资金的需求。

### （3）融资方式决策

进行融资方式决策时，老板应该客观分析各类融资方式的利弊，然后根据企业的实际情况进行合理选择与组合。融资方式有很多种，比如：发行股票、债券、银行借款等，具体如下：

①发行股票。

发行股票指的是企业通过股票利益吸引投资者购买，进而达到筹资目的的筹资方式。其中包括普通股和优先股两种。它的优点是具有永久性，没有到期日，不需要偿还本金，而且企业进行股利支付时，还可以根据企业的经营情况而定。与发行债券相比，发行股票的财务风险比较低，利于提高企业信誉，从而为其他筹资活动提供支持。而它的缺点就是成本比较高，需要从税后利润中支付，而且限制因素比较多，企业必须要保证良好的经营状况，才能有效预防股价下跌的发生。除此之外，企业还需要为股东提供一定的经营控制权，这样就会分散企业控制权。

②发行债券。

发行债券指的是按照债券发行协议，企业进行债券发售，同时，在未来规定期内，企业承诺偿还本金与利息的一种筹资方式。它的优点是成本比较低，债券利息是固定的，并允许在税前支付，不会分散控制权。而它的缺点是需要维护债权人的利益，筹资总额有一定的限制，而且限制的条件比较多。除此之外，老板还要偿还本金利息，财务风险明显有点高。

③银行借款。

银行借款指的是企业通过借贷合同向银行或其他金融机构直接借取资金的筹资方式，可以分为长期借款与短期借款。它的优点是筹资的成本比较低，而且筹资的程序非常简单、速度快，更重要的是利息是固定的。此方式弹性比较好，老板可以和银行直接商洽。而它的缺点就是筹资数量有限，限制的条件比较多，而且财务风险比较高，特别是当企业经营状况比较糟糕时，极有可能会导致企业走向破产的道路。

④融资租赁。

融资租赁指的是通过资本租赁，企业获得规定时间内出租财产的占有和使用权利并支付相应租金的筹资方式。它的优点是限制条件比较少，能够很快使用，不需要承担设备磨损以及更新换代等风险。而它的缺点就是成本比较高，老板不能根据自己的意愿随便改良租赁资产，这在某种程度上，反而限制了企业的发展。

⑤利用商业信用。

利用商业信用指的是企业可以凭借在经营运作中所形成的商业信用，进行赊购商品、预付货款等短期资金筹集的筹资方式。它的优点是比较便利、灵活和有弹性，成本比较低，限制的条件也比较少，属于自发性筹资。而它的缺点就是筹资数量有限且期限较短，而且对信誉的要求比较高，对企业的资金运作极为不利。

⑥吸收直接投资。

吸收直接投资指的是企业通过协议等形式，从国家、企业等外部渠道吸收直接资金投入的筹资方式。它的优点是能提高企业的信誉和借款能力，对企业开拓市场极为有利，进而可以帮助企业不断壮大实力。另外，投资的报酬取决于企业的经营状况，形式比较灵活，可以有效降低财务风险。其缺点就是投资者将从企业的经营利润中获取与自己出资数额相对应的投资报酬，所以成本比较高。除此之外，企业还需要向投资者提供相应的经营控制权，这样就会分散企业控制权。

⑦利用留存利益。

企业通过调用内部积累的资产力量，将其转化为筹集资金的筹资方式。它的优点就是不需要借款，财务风险比较低，还能保持企业的举债能力，不会分散控制权。其缺点就是容易受其他经营业务的影响，限制因素比较多，而且企业还需要具备相应的资产条件。

其实，融资就是资金的融通，在金融市场上，企业可以根据自己的实际情况来选择合适的融资方式，进而促进企业的发展与壮大。不过，企业在进行融资决策时，应该注意掌握各种技巧，比如：货比三家等，定能获得事半功倍的效果。另外，企业在融资过程中，一定要顾全大局，不能只顾及局部利益而忽略整体利益。因为企业只有考虑了整体利益，才能保持良好的资本结构，使整体效益达到较高水平，从而提高企业的价值。

## 第五节 ▮▮▮▮▮▮▮▮▮▮▮▮▮▮▮▮▮▮▮▮▮▮▮▮▮▮▮▮▮▮▮▮▮▮▮▮▮▮▮▮
## 投融资管理的几个关键流程

对于企业来说，投融资管理是财务管理中非常重要的一项工作，只有掌握投融资管理的相关内容，才能进退有度，有效降低投融资风险。除此之外，老板还需掌握投融资管理的流程，这样才能真正做好投融资管理工作。一般来说，投融资管理的流程有很多，其中最关键的几个流程主要包括：投资评估分析流程、投资可行性分析流程、投资项目价值审核流程和融资风险控制流程。

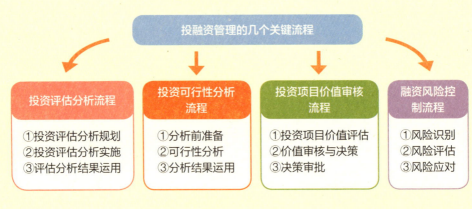

图6-11　投融资管理的几个关键流程

### 1. 投资评估分析流程

投资评估分析是投资决策的重要依据。如果老板想要确保投资评估分析结果是有效的，就必须要加强投资评估分析的审批工作，对关键环节进行严格控制。只有这样，才能提高资金利用效益，从而为企业创造更大的投资效益。

一般来说，企业投资评估分析的流程具体如下：

（1）投资评估分析规划

首先，企业要成立一个评估分析小组，然后明确评估分析目标，最后编制评估分析方案。

（2）投资评估分析实施

收集整理资料后，老板要对投资的必要性进行评估分析。然后，老板还需要评估企业的财务状况、投资的预期效益以及投资风险，最后编写评估分析报告。

（3）评估分析结果运用

根据评估分析报告，老板要合理决策，然后将报告归档保存就可以了。

不过，在该流程中，老板审查投资评估分析方案时，一定要确定该方案是科学可行的、程序步骤是比较规范标准的。同时，还要明确职务分工和权责界定，全面评估内容以及评估方法的合理性。另外，老板在审查投资评估分析报告时，一定要注意评估过程的规范性，只有这样才能确保评估结果是有效的。分析报告的具体内容，为投资决策提供相关依据。

## 2. 投资可行性分析流程

投资可行性是投资决策的基础，主要是对资源、市场等各方面进行分析、论证和评价，以此来判断出投资的必要性与技术、财务等方面的可行性。如果老板想要确保投资可行性分析是有效的，必须要按要求完成投资可行性分析的审批工作。

一般来说，企业投资可行性分析的流程具体如下：

（1）分析前准备

经过一番市场调查后，老板就可以寻找投资的机会，然后，收集并整理资料。

（2）可行性分析

当老板确定备选方案后，就可以进行可行性分析了，最后编制可行性研究报告。

（3）分析结果运用

投资决策完毕后，可行性研究报告就可以归档保存了。

不过，在该流程中，老板应该审查分析工作是否规范、方法选择是否合理、资料证据是否真实，然后，老板可以根据报告内容做出合理的投资决策。

### 3. 投资项目价值审核流程

投资项目价值审核是投资项目评选的一部分，主要是根据审核投资项目的预估价值，来判断企业是否应该参与该项目的投资。如果老板想要确保投资项目价值审核结果具有科学性和客观性，就必须要加强投资项目价值审核的管理与控制，还要规范完成审核流程中的相关审批工作。

一般来说，企业投资项目价值审核的流程具体如下：

（1）投资项目价值评估

根据企业投资的项目，选择一个合理的评估方法，并评估投资项目价值，最后编制价值评估报告。

（2）价值审核与决策

审核完评估报告，就可以决定企业是否参与，最后上报决策结果即可。

（3）决策审批

对投资项目价值评估结果进行分析，然后，判断决策是否合理，最后批准正确决策。

不过，在该流程中，老板审查时一定要确定项目价值的评估结果是客观准确的，价值审核是规范严谨的。同时，必须综合考虑多方因素后，才能做出合理的决策结果，最后做出批示。

## 4. 融资风险控制流程

融资风险控制是企业融资管理的重要工作，能够促进融资目标的快速实现。所以，老板应该加强融资风险控制流程中的审批工作，才能确保融资风险控制工作达到预期的效果。

一般来说，企业融资风险控制的流程具体如下：

图6-12　融资风险控制流程

### （1）风险识别

企业要组织融资风险评估小组，对融资方式的利弊进行分析，并判断各种不确定因素，进而有效识别各类融资风险。

### （2）风险评估

企业要评估风险发生的概率，根据概率来评估出企业受到风险的影响程度有多大。

### （3）风险应对

根据融资风险的影响程度，企业需要拟定风险应对的相关措施。然后，编制融资风险报告，最后，审批完风险报告，就可以执行了。

不过，在该流程中，老板在审查时，一定要确定风险识别结果具有全面性和科学性，确认拟定的风险应对措施是有效的和合理的，最后根据报告，对融资规划进行指导。

159

　　当老板充分掌握投融资管理的四个关键流程后，只要认真做好流程中的每一项环节，就能做好投融资管理的工作。另外，无论老板是投资还是融资，只要根据企业自身的实际情况，有效控制投融资的各类风险，就能收到预期的效果，从而达成投融资的最终目的。

# 第六节
## 投融资管理，老板必须学会分析表单

　　在进行投融资管理时，老板最需要学会、看懂并分析的就是表单，从表单中，老板不但能分析出投融资的成本是否合理，还能在投融资方案中，确定哪些方面还需要改进，且还能掌握企业投融资信息以及投资效益等，这些都为后续投资提供了主要依据。

　　既然表单如此重要，老板就必须要学会分析投融资管理的表单，以便做出最正确的决策。一般来说，老板必须会分析的表单有四种：融资成本分析表、投资方案效益检查表、投资效益分析表和重要投资分析表。

### 1.融资成本分析表

　　融资成本分析表主要记录的是企业不同时期的融资成本信息。从融资成本分析表上，老板不仅能够分析出企业某一时期的融资成本是否具有合理性，还能对不同时期的融资成本进行对比，从中分析出融资成本有什么变化，也是为后期的融资决策提供一个参考。下面就是融资成本分析表，可供大家学习并参考。

161

表6-1　融资成本分析表

编号：　　　　　　　　　　　　　　　　　　编制日期：＿＿＿＿＿年＿＿月＿＿日

| 对比分析期<br>分析项目 | ＿＿＿＿年＿月＿日 | ＿＿＿＿年＿月＿日 | 差额 |
|---|---|---|---|
| 所有者权益 | | | |
| 负债融资 | | | |
| 融资总额 | | | |
| 息税前利息 | | | |
| 减：利息等负债融资成本 | | | |
| 税前利润 | | | |
| 减：所得税 | | | |
| 税后利润 | | | |
| 减：应交特种基金 | | | |
| 提取盈余公积 | | | |
| 本年实现的可分配利润 | | | |
| 本年资本利润表 | | | |
| 本年负债融资成本表 | | | |

审核人：　　　　　　　　　　　　分析人：

## 2. 投资方案效益检查表

　　投资方案效益检查表主要记录的是企业的投资成本和投资收入的预计值与实际值，它能够反映出企业实际投资效益与预计目标之间的差异。从投资方案效益检查表中，老板能够通过表单所反映的相关信息掌握投资方案的实际成效。在比较和检查中，如果老板能够发现投资方案的某些方面还需要进一步改善，就能及时修正或改进，这样就能有效保证预期的投资效益。下面是投资方案效益检查表，可供大家学习并参考。

表6-2 投资方案效益检查表

单位：万元

| 投资编号 | 投资名称 | 收回期间 | 估计投资金额 | 实际投资金额 | 预计应收回金额 | 实际已收回金额 | 预计回收金额 | | 预计收益率 | | 原因 |
|---|---|---|---|---|---|---|---|---|---|---|---|
| | | | | | | | 预计 | 修正 | 预计 | 修正 | |
| 1 | | | | | | | | | | | |
| 2 | | | | | | | | | | | |
| 3 | | | | | | | | | | | |
| 4 | | | | | | | | | | | |
| 5 | | | | | | | | | | | |
| 合计 | | | | | | | | | | | |

审核人：                    制表人：

## 3.投资效益分析表

投资效益分析表主要记录的是在某个会计年度内，企业进行投资活动的所有消耗以及取得的成果，它能够反映出企业投资效益的详细情况。可以说，投资效益是影响企业经营利润的重要指标之一。通过投资效益分析表，老板不仅能够详细掌握企业的投资信息，还能通过投资数据来大致估算出企业的投资收益，进而有效分析企业的投资活动是否合理，及时发现企业可能隐藏的异常问题和潜在问题。这样，在后续投资过程中，老板就能明确把控工作的目标方向了。下面是投资效益分析表，可供大家学习并参考。

表6-3　投资效益分析表

_____年度　　　　　　　　　　　　　　　　单位：万元

| 投资名称 | 投资类别 | | | | 预计投资金额 | 已支付金额 | 完成程度 | | 估计收益状况 | | | |
|---|---|---|---|---|---|---|---|---|---|---|---|---|
| | 产品 | 产量 | 财务 | 其他 | | | 已完成 | 完成比率 | 金额 | 收益期间 | 回收年限 | 收益率 |
| | | | | | | | | | | | | |
| | | | | | | | | | | | | |
| | | | | | | | | | | | | |
| | | | | | | | | | | | | |
| | | | | | | | | | | | | |
| 合计 | | | | | | | | | | | | |

审核人：　　　　　　　　　　　　　　分析人：

## 4.重要投资分析表

　　重要投资分析表主要记录的是企业重要投资项目绩效评价的关键信息，其中包括企业投资的基本情况以及实际完成程度与收益状况。从重要投资绩效分析表中，老板能够根据表单提供的详细信息，对投资绩效做出比较公正的评价，还能分析出企业投资绩效差的根本原因是什么。这样，老板在进行后期的投资决策与改进时，就能将重要投资分析表作为主要的参考依据。下面是重要投资分析表，可供大家学习并参考。

表6-4　重要投资分析表

_____年度　　　　　　　　　　　　　　单位：万元

| 投资名称 | 投资类别 | | | | 预计投资金额 | 已支付金额 | 完成程度 | | 估计收益状况 | | | |
|---|---|---|---|---|---|---|---|---|---|---|---|---|
| | 产品 | 产量 | 财务 | 其他 | | | 已完成 | 完成比率 | 金额 | 收益期间 | 回收年限 | 收益率 |
| 1 | | | | | | | | | | | | |
| 2 | | | | | | | | | | | | |
| 3 | | | | | | | | | | | | |
| 4 | | | | | | | | | | | | |
| 5 | | | | | | | | | | | | |
| 合计 | | | | | | | | | | | | |

审核人：　　　　　　　　　　　　分析人：

# 第七章

# 规避财务漏洞，控制财务风险

　　很多企业的财务管理常常都会出现各种各样的漏洞，比如：用款无序、以权谋私等。如果老板不懂财务，就很难及时发现这些漏洞。而财务漏洞的风险是无法估量的，不仅可能会让企业陷入财务陷阱，严重的还会危及企业的生存与发展。所以，老板必须要学会发现潜藏在财务管理中的各种财务漏洞，并及时采取相应的措施，才能有效堵住财务漏洞，达到有效控制财务风险的目的。

## 第一节
## 主要负责人监管财务

在企业发展壮大的过程中，企业会建立一套财务管理制度和方法。但在实际工作中，如果主要负责人直接监管财务和人事等重要企业职能，因为主要负责人拥有最高决策权，就会出现以权徇私现象，使部分企业的财务监管形同虚设。这样，就会造成财务漏洞，加大了企业的财务风险，这是企业财务管理中急需解决的比较突出的问题。

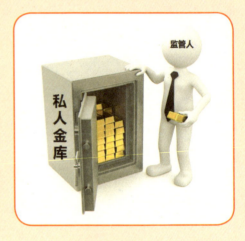

图7-1　漏洞一：主要负责人监管财务

那么，主要负责人监管财务都会有哪些危害？

图7-2　负责人监管财务都会有哪些危害

### （1）私设小金库

一般来说，小金库的钱主要源自企业收入，但不适当的公款高消费和高福利也是小金库的主要来源。一些企业领导通常会借工作之需，将一些没有及时上交的企业收入，通过不登账或暂存等方式，另立账户或账目，公款私用，企图逃避有关部门的检查。实际上，如果企业真有特殊应急需要，企业财务有很多回旋余地，实在没有必要另建"账外账"的必要。主要负责人转移资金，这样的行为会给企业带来巨大的损失。

### （2）将非法开支合法化

在日常的工作中，一些企业领导会将一些不符合财务制度或法规的开支费用合法化。比如：在企业账上，为了能够将请客送礼等不合理合法的费用核销，就会以合理合法开支的名义，开具相关发票记入企业的账中。这种"模糊开支"，给审计和其他检查人员设置了障碍，也会直接给企业带来不必要的麻烦。

### （3）乱开虚假发票

一般来说，企业开具虚假发票，有两种情况：一种是企业为本企业开具虚假发票，主要是为了虚增业绩；另一种则是本企业为外开具，或要求外单位为本单位开具虚假发票。前者是为了收取管理费用，而后者是为冲账。虽然从发票的形式上来看，这种增值税发票可以作为报账的合法依据，但内容却是编造的虚假项目。如果假发票横行，就会给企业带来深层次的危害。

图7-3 堵住主要负责人监管财务的漏洞

不难看出，造成企业财务问题的主要原因就是企业财权配置不够科学，让主要负责人监管财务，大权独揽，缺乏权力制衡。那么，对于这个问题，企业老板该如何做呢？

### （1）落实企业内部财务监控

企业老板应建立一个比较健全的企业制度，尽量公司化，明晰产权，使企业所有者和经营者权责明确，将公司财务管理监督的制度真正落实，充分发挥对主要负责人以及公司经营活动全过程的监督作用。

### （2）企业财权的限定与制衡

在企业财权的限定上，要以有利于企业财务运营为基础，最好不要限制太多，以免影响企业资本的正常运营；也不要无限扩张，可有效避免越权危机或以权谋私的现象发生。另外，放权和监督要互相制衡，只有合理运用企业财权，并对其进行科学的界定和制衡，才能使企业的财权发挥最大效用。当财权制衡和量化成为企业的一种制度时，在一定程度上能够对企业负责人形成约束与压力，可有效减少私设小金库的现象发生。

### （3）主要负责人不能同时监管财务

主要负责人主持企业全面工作，是承担企业主要责任的高层管理者。他们享有较大的权力，因而很难受到监督控制。对于企业来说，财务是企业的重中之重，如果主要负责人监管企业重要职能部门——财务部门，就会出现以权谋私，私设小金库和开虚假发票等现象，这对企业的危害是很大的，甚至会给企业带来巨大的损失。为了有效避免这类财务漏洞问题，企业老板就要限定与制衡财权，还要加强财务人员的职业道德建设，建立一个健全的财务管理制度。

## 第二节
## 老板不懂票据管理

在票据管理中，如果老板不懂票据的基本常识，就不能客观认识票据的作用，难以对票据引起重视。长此以往，在企业的日常管理工作中，就会存在很多隐患问题，比如：审批票据时，管理者若没有及时发现问题，就会导致签批问题票据，或者无法对票据管理工作进行正确规划和指导。如何避免这些财务漏洞，控制财务风险，这就需要老板掌握票据管理的基本知识。

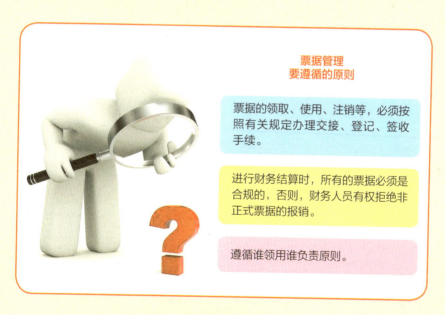

**票据管理
要遵循的原则**

票据的领取、使用、注销等，必须按照有关规定办理交接、登记、签收手续。

进行财务结算时，所有的票据必须是合规的，否则，财务人员有权拒绝非正式票据的报销。

遵循谁领用谁负责原则。

图7-4　票据管理要遵循的原则

为了加强票据管理，企业老板就要明确责任，只有制定好票据管理规定，才能防范财务风险。制定前，老板一定要遵循以下几项原则：

171

①票据的领取、使用、注销等，必须按照有关规定办理交接、登记、签收手续。

②进行财务结算时，所有的票据必须是合规的，否则，财务人员有权拒绝非正式票据的报销。

③加强票据管理，杜绝票据遗失的现象发生，遵循谁领用谁负责的原则，一旦票据遗失，责任人就要承担所有经济损失的赔偿责任。

对于老板来说，票据是经营活动的重要凭证，企业各部门都应该严格遵守国家的财经法规以及收费使用管理规定，部门负责人应对本部门申请使用的收费票据负责。所以，老板想要管理好票据，就要对票据的购入、领用、使用、注销和保管进行分别管理，具体如下：

**（1）票据的购入管理**

①购买票据时，企业需要派专人凭收据准购证到相关地区的财政局票据管理处或税务部门进行购置。

②票据管理人员按照购入的票据号码顺序在会计年度进行连续编号。一般来说，订本式的收据是以本为单位，而电脑收据是以箱为单位。如果有些票据已编号，必须在票据领用登记注销簿上按其类别、顺序分别登记。

**（2）票据的领用管理**

①票据开具人员领用票据时，必须要填写申领单，并注明领用票据的原因以及票据种类和数量，经过相关部门负责人签字和财务同意后，才能领用票据。领用时，还必须要检查票据是否有漏号、漏页。另外，禁止使用私自印制的收据或自购收据，以及已停止使用的废弃收据，一旦被发现，相关的企业部门负责人及经办人都要承担经济和法律责任。

②财务收费人员和票据开具人员，在领用票据时，必须要在票据领用登记注销簿上进行登记。发放票据时，相关部门负责人必须要严格把关，可以

采取"交旧领新"的方式。对于那些已经发放票据但没有注销的部门，不允许发放新票据，而发放在外的票据，必须定期催促其上交票据。

③对于票据的领取、使用和保管工作，票据领用部门应该规定专人去负责。同时，要不断加强票据工作的管理工作，其中设置票据登记簿就是一项不错的措施。

④如果是财务处内部人员领用票据，还必须经过其部门负责人同意，才能办理票据的领用和注销手续。

### （3）票据的使用管理

①票据开具人员开具有关票据时，必须按照会计规范要求进行。在票据的存根上，应该明确标注是银行收款还是现金收款。另外，在使用票据时，票据开具人员绝不能跳号或空号，必须要按照票据上的号码顺序进行填写，要求项目齐全、内容真实和字迹清楚，并全份一次复写。值得注意的是，全部联次的内容必须是一致的，大小写的金额必须相符，绝不能弄虚作假。

②对于一式多联的票据，除电脑收据外，票据开具人员必须要用双面复写纸套写。当票据作废时，票据开具人员不能私自撕毁，而是加盖"作废"戳记，必须全联保留，并与存根一起保存，以备日后核查使用。

③在财务结算中心，收款人员必须拿出收据记账联金额进行交款，而审核制单人员就需要在票据存根联上明确标明款项入账的情况。

④收款人员必须要按照企业的收费项目以及标准进行收费。如果企业的收费项目以及标准有改动，需要重新制定时，必须要财务处上报相关地区的物价局，获得审批后，才能收取。

⑤管理电脑打印票据的人员每天都必须要打印出汇总表。对于当天入账的款额，需要与审核制单人员进行审核。当审核准确无误后，制单人员就可以在汇总单上进行盖章，并与当天的记账凭证一起装订归档。

### （4）票据的注销管理

①票据使用完后，票据开具人员必须在每本票据存根联封面上明确标注票据开具的实际金额以及作废号码，及时将存根联上交给财务处票据专管员，以便办理票据的注销手续。

②财务票据专管员在登记本上做注销登记前，必须认真审核一下票据开具是否具有一定的合理性，金额的入账情况以及存根与作废联的完整性，待审核准确无误后，才能办理相关手续。对于已经收回的收据存根必须要按照收据上的编号顺序去排列和归档，方便日后进行查看。

③各单位领用票据时，一定要将票据妥善保管好，一旦票据发生遗失、被窃等情况，立即向财务处负责人汇报，然后登报声明票据已报废，所产生的一切费用都由领用单位来承担。

### （5）票据保管

在票据管理中，保管票据也非常重要。为了防止票据遗失被盗等，确保票据的完整性，老板需要注意以下几点：

①有专业财务人员专门保管票据（包括发票、汇票、本票、支票等一切财务资料），实行专人负责制。保管期限以财务要求的期限为准。

②保管票据时，按票据种类进行分类保管。比如：银行票据的保管、发票的保管等，坚决不能出现票据的丢失和损毁等的现象。

③票据使用后存根联及作废联一并交回给票据保管员，由票据保管员保管。

④对于即将到期的应收票据，应及时向付款人提出付款。

⑤小企业应当设置"应收票据备查簿"，逐笔登记每一张商业汇票的种类、号数和出票日期、票面金额、交易合同号和付款人、承兑人、背书人的姓名或单位名称、到期日期和利率以及收款日期和收回金额等资料，商业汇票到期结清票款后，应在备查簿内逐笔注销。

　　⑥对已贴现的票据，票据保管员需要将其登记在备查簿中，这样方便以后追踪管理。

　　⑦为了加强企业的票据管理工作，财务部作为企业票据的管理部门，必须对企业的收费票据实行统一管理。而对购买的收据和发票必须由专人保管，并设立台账。同时，还要建立一个严格的票据保管、领用和签收制度，有效减少票据的丢失现象发生。

## 第三节
## 忽视预算，用款无序

　　企业需要预算，它能够计算出企业未来一段时期内的财务状况。在企业中，财务预算是公司最为主要的工作计划之一，是整个公司发展的基干计划，其他工作计划都是为实现财务预算而服务的，所以公司制定财务预算是最为核心的工作，必须做好，才能保证企业经营正常、顺利运转。

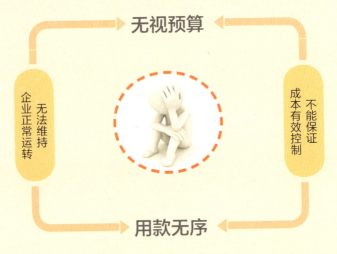

图7-5　忽视预算，用款无序

　　预算是实现规划协调某一领域或整个公司全部活动的最佳工具。它对企业有着极其重要的意义。如果老板忽视预算，对企业资金和各项经济活动不进行科学规划，就会造成企业用款无序，就不能保证对企业各项成本费用的有效控制，企业就无法维持正常运转，甚至生产停滞和破产。那么，老板作为企业管理者，一定要重视预算，掌握预算的基本方法。

对于企业来说，财务预算是财务管理的重要组成部分，与其他管理方法相比，财务预算管理方法具有战略性、科学性、系统性、机制性和全面性的特点。同时，财务预算具有一定的导向作用，由于各企业的导向和实际情况的不同，财务预算的方法也会有所相同，具体如下：

图7-6　财务预算方法

### （1）零基预算

初创企业时，所有的数据都是空白的，这时，老板就可以试用零基预算，根据企业本期的业务水平和企业的资金情况而确定预算期的预算额。由于企业的资金有限，老板进行分配时，一定要关注金额的大小，还要考虑业务活动的重要性。不过，由于企业没有重点与非重点的区分，只要是在预算期内，老板都要对所有业务活动进行分析，最后得出预算数据。由此可见，零基预算法的编制并不受前期各种费用水平的影响，但工作量相对比较大。

### （2）增量预算

增量预算法是根据以往的数据进行预算，通过分析以往的业务水平和预算期内的相关因素来调整以往的各项数据，以此来获得预算期内的预算。增量预算法分析的重点是企业新增加的业务活动，比较关注金额大小，主要是从货币的角度来控制预算，其操作非常简单，但容易受到前期不合理因素的影响。

### （3）固定预算

固定预算是企业将业务量固定在一个预计水平内，是一种比较传统的基本的预算编制方法，根本不用考虑预算期内变动因素的影响，是以正常可实现的业务水平为基础，又被称为静态预算法。

### （4）弹性预算

弹性预算主要是以可能发生的多种业务量水平为基础，在预算期内，充分考虑变动因素的影响，能够反映出各种业务水平下的费用，又被称为动态预算法。与固定预算法相比，弹性预算法比较灵活，能够适应企业经营活动的各种变化，它能够为企业提供不同业务水平的预算数据。即使企业的实际业务水平发生变化，也能找到与之相适应的预算。所以，不管企业的实际业务水平是否变化，弹性预算法编制的预算都非常有参考价值。

### （5）定期预算

在编制预算时，定期预算是以固定不变的会计期间作为基础的，比如：年、月等，它使企业将预算期与会计期保持一致，方便会计数额与预算数额进行比较，以此来评价预算的执行情况。定期预算具有间断性的特点，不利于各个期间预算的衔接。不过，它最大的优势在于操作非常简单，比较适用于业务活动持续性不强的企业。

### （6）滚动预算

滚动预算法又称为连续预算法，在编制过程中，可以不考虑预算期是否与会计期保持一致，而将预算期逐期扩展，始终保持在一个固定期间。滚动预算是一个不断修订增加的过程，要比定期预算更合理些，但也更难编制。

按照滚动的时间，滚动预算法可以分为三种，具体如下：

图7-7 滚动预算的方法

①逐月滚动。

在编制时，以月份作为滚动单位，每月对预算进行一次调整。比如：某企业已经编制2015年1—12月的预算，在1月末，企业就可以根据1月的实际状况来调整2-12月的预算，同时，也要补充2015年1月的预算，使预算期间保持不变。

②逐季滚动。

在编制时，以季度作为滚动单位，每季度对预算进行一次调整。其具体操作与逐月滚动类似，这里就不做详述，一般预算期间为四个季度。

③混合滚动。

在编制时，可以同时以月份和季度作为滚动单位，比如：某企业前半年的预算按月编制，后半年按季编制。

由于滚动预算具有连续性，企业可以根据长期目标来编制滚动预算。由此可见，混合滚动比较适用于业务活动时间长、规模大、持续性较强的企业。

　　由于企业的需求不同，预算方法也会不同，作为企业的经营者，老板一定要了解企业的实际情况，再确定财务预算需求。一般来说，预算的基本程序是预算编制、预算执行、预算调整和预算监督。可以说，预算在企业中发挥着非常重要的作用，它不但使企业进行的业务活动有了一个明确的目标，而且在生产经营中有章可循，有效减少了各部门间的矛盾冲突，还加深了企业对经营活动的认识，利于各部门的沟通。所以，老板一定不能忽视预算，只有掌握预算的方法，才能有效降低企业的各项成本，提高企业的经济效益。

## 第四节
## 管理者不懂成本控制

企业既然是以营利为目的，那么，企业所获得的利润主要取决于两个因素：收入和成本，所以，增加收入或降低成本就成了企业的经营目标。如果老板不懂成本控制，势必会影响企业的盈利情况，容易养成成本浪费的恶习，不但失去市场竞争力，还会严重阻碍企业的长足发展。

对于企业来说，成本控制是企业经营管理的重要内容，老板必须要搞好成本的预算和决策，把好成本控制的大门，灵活运用成本控制的方法，全面实施成本控制。不过，在进行成本控制时，老板要根据成本计划，对企业经营过程中产生各项成本费用的经济活动，加以协调、监督和控制，才能真正实现企业的成本目标。那么，老板就非常有必要掌握一些成本控制的相关知识，为企业成本控制做好监督规划工作。

从职能的角度来划分，成本控制主体主要包括决策主体、执行主体和组织主体。老板作为管理者，必须要明确这三类主体所承担的职责以及在企业组织结构中所处的位置。然而，老板想达到良好的成本控制效果，就要从成本控制的基本工作认真做起。

图7-8　成本控制的主体

一般来说，成本控制的基础工作主要包括定额制定、工作标准化和制定建设。其中，工作标准化包括：计量标准化、价格标准化、质量标准化和数据标准化。当然，老板在进行成本控制时，仅做好成本控制的基础工作还远远不够，还需要掌握一些成本控制的相关知识，为企业成本控制做好规划、监督工作，堵住各种财务漏洞。

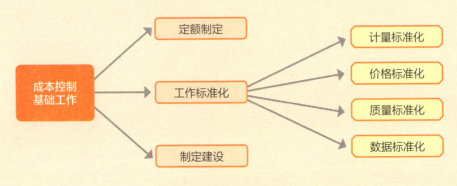

图7-9　成本控制基础工作

### （1）进行成本控制时，必须遵循三项基本原则

在进行成本控制过程中，老板应该遵循以下三项基本原则，具体如下：

①全面介入原则。

全面介入原则主要是指企业的所有项目都应该进行成本控制，它需要企业全体员工的积极配合，只有全体员工积极参与项目的成本控制，才能真正将控制工作落实于全过程。

②经济效益原则。

经济效益原则的最终目标不是简单地降低成本的绝对值，而是通过减少成本消耗来提高企业的经济效益。

③例外管理原则。

例外管理原则是指老板在进行成本控制时，应该充分考虑企业的实际情况中含有诸多不确定性因素，一旦出现异常情况，老板一定要及时处理，将成本控制到最低。

**（2）进行成本控制时，需要了解成本控制的要点**

根据企业经营活动的进展情况，成本控制可分为三大要点，包括事前控制、事中控制和事后控制。

①事前控制。

老板在进行事前控制时，必须要明确成本预算，以此为依据来制订成本控制计划，最后将成本指标分配到各个责任部门。

②事中控制。

企业在进行财务活动过程中，会产生各项成本费用，老板进行事中控制，必须始终监控各项费用的支出情况，严格按照成本预算指标的控制要求进行。

③事后控制。

当企业的财务活动结束后，老板需要进行事后控制，要认真分析成本控制的效果，找到实际成本与计划成本之间的差异，然后明确日后的改进工作。

**（3）进行成本控制时，一定要按流程走**

一般来说，企业成本费用水平的高低，对企业产品盈利能力的大小、成本的控制等起着决定性的作用，所以，老板必须要加强企业成本控制的审批工作，其具体流程如下：

①第一次审批。

在企业编制成本计划时，首先要明确企业的成本目标和成本预算要求，以此来制订出企业的成本计划。当老板实施成本计划时，将成本控制分解为几个预算指标，把这些预算指标下达到各部门，各部门必须要按照指标要求控制成本费用支出。

老板在第一次审批成本计划时，最好审查成本计划与成本目标是否保持一致，各项预算的设置是否科学合理，是否切实可行。

②第二次审批。

在评估控制成效时，老板要定期核算成本费用，并评价成本控制指标的落实情况，根据各部门完成成本控制指标的情况，按其表现来进行奖励与惩罚。

不过，老板在审批奖罚措施时，应该审查评估的结果是否客观公正、真实有效，然后审查制定的奖罚措施是否符合企业制度的相关规定、是否恰当合理。

③第三次审批。

后期改进时，企业要对本期成本费用控制的成效与不足进行总结，最后拟定出一个改进计划。

在审批改进计划时，老板应当审查改进计划的制订是否以总结结果为依据，各项措施是否能够发挥改进效果，计划是否切实可行。

从成本控制的主体、原则、基础工作、要点和流程等的详细介绍中，老板就能够全面了解成本控制，并在企业生产经营过程中，有效控制成本，从而实现资源利用的最大化。

# 第五节
## 不懂现金流的价值

现金流管理是企业财务管理的重要内容。而现金是企业流动量较大的资产，它在企业的经营中发挥着非常重要的作用。一般来说，老板通过监督现金流就能不断加强企业的财务管理。如果现金流信息是真实且准确的，就能客观反映出企业的财务现状。通过评价现金流的信息，老板还能及时发现并

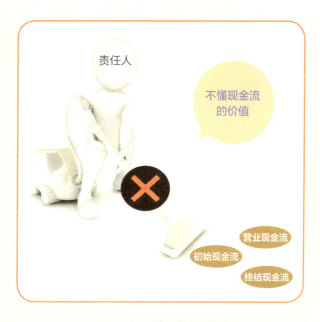

图7-10　不懂现金流的价值

解决异常问题。另外，现金流的价值也不能被老板忽视，只要老板能够充分利用现金流信息的价值，就能使其更好地服务于企业的经营决策。然而，很多企业老板并不懂现金流的价值，没能控制好现金流，导致企业的现金流不足，极有可能会使企业由于资金供应不足而倒闭。

现金流即现金流量，主要指的是企业在某项经营活动中所产生的现金流入、流出以及总量情况，它是企业顺利进行一切经营活动的基础。一般而言，现金流可分为三类：初始现金流、营业现金流和终结现金流。在有效的资本市场中，企业价值的大小将直接取决于投资者对企业资产的估价。在估

价方法中，现金流起着决定性的作用。当现金流入越充足时，企业的价值就越大，由此可见，如果老板不懂现金流的价值，就不能实现对现金流信息的有效利用，从而影响到财务评价、经营规划等工作，无法真正实现企业价值最大化。那么，现金流到底都有哪些价值呢？

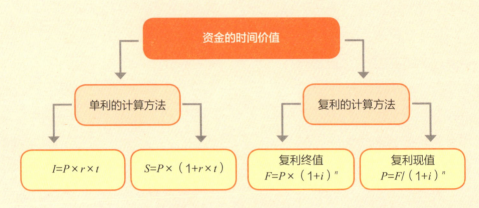

图7-11　资金的时间价值

### （1）资金的时间价值

资金时间价值指的是资金经过一段时间后的增值额。比如：将资金存入银行会产生一定的利息，如果将其进行投资还会产生相应的收益。对于资金时间价值，如果不考虑风险和通货膨胀的情况，现持有的资金一定会比未来等量的资金更有价值。

不同时间点的资金是不具有可比性的，但可以将其推算到同一时间点来进行比较。一般来说，资金时间价值可以用相对数来表示，也可以用绝对值来表示，它有两种计算方法，一种是单利，另一种则是复利，具体如下：

①单利的计算方法。

单利指的是每次只对固定的本金计算利息，而存在银行里的利息则不加入本金计算利息中。其计算公式如下：

$$I = P \times r \times t \qquad S = P \times (1 + r \times t)$$

其中，$I$为利息额，$P$为本金，即期初额，$r$为利息率，$t$为时间，$S$为本金和利息之和，即本利和。

然而，单利又可分为两种：终值和现值，其具体情况如下：

a.单利终值。

终值指的是资金未来的价值，它是企业不同时间点的资金在某一时点的价值，一般将$F$记为终值。而在单利情况下的终值指的是在单利计算的情况下，现有资金在未来某个时点的价值。

单利终值的计算公式其实就是在单利情况下，本利和的计算公式。

$$F=P \times （1+n \times i）$$

其中，$F$为单利情况下的终值，$P$为现值，$n$为时间，即计息期数，$i$为利息率，$1+n \times i$为单利终值系数。

b.单利现值。

单利现值指的是资金当前的价值，它是企业在不同时间点的资金按照一定的折现率折现到现在的价值，一般将$P$记为现值。在单利情况下的现值指的是企业未来某个时点的资金按照单利折合到现在所具有的价值。

单利现值的计算其实就是单利终值的逆运算。一般情况下，已知终值求现值的过程被称为折现，其计算公式如下：

$$P=F/（1+n \times i）$$

其中，$1/1+n \times i$为单利现值系数。

其实，不难看出，在存款或购买债券时单利是我们经常使用的利率，而单利下的终值和现值对各位企业老板进行各项决策有着非常重要的作用。

②复利的计算方式。

复利指的是企业每经过一个计息期，本金要计息，而本金所产生的利息也要再计利息。这种逐期滚算的方式，又被称为利滚利。其计算方式如下：

$$S=P \times （1+r）t$$

其中，$P$为本金，即期初额，$r$为时间，$S$为本金和利息之和，即本利和。

在相同的条件下，复利比单利让企业老板获得的收益更多。与单利一样，复利也可以分为终值和现值。具体如下：

a.复利终值。

复利情况下的终值指的是在复利计算的情况下，现有的资金在未来某个时点的价值。实际上，复利终值的计算公式就是在复利情况下本利和的计算公式，具体如下：

$$F=P\times(1+i)^n$$

其中，$P$为现值，$i$为利息率，$n$为时间，即计息期数，而$F$为得利情况下的终值，$(1+i)^n$为复利终值系数。

b.复利现值。

复利情况下的现值指的是企业未来某个时点的资金按照复利折合到现在所具有的价值。而复利现值的计算其实就是复利终植的逆运算，具体如下：

$$P=F/(1+i)^n$$

其中，$1/(1+i)^n$称为复利现值系数。

在贷款过程中，复利是各位老板经常使用的利率，所以，学会计算复利情况下的终值和现值也是非常重要的。

### （2）零存整取的价值

零存整取指的是企业每月存入固定金额的款项，比如：资金额为10万元，存期可以是1年或3年，具体的存款金额是由企业老板自己定的，每月存入一次，到期就可以支取本息。

一般来说，零存整取的定期储蓄计息方法有很多，比如：月息或年息，比较常用的是"月积数计息"方法，其计算公式如下：

$$利息=月存金额\times累计月积数\times月利率$$

其中，累计月积数=（存入次数+1）/2×存入次数。

### （3）等值现金流的价值

等值现金流指的是在一定特定时期内，流入或流出的等额现金。如果一个系列现金流每期收入相等，如每月收入一万元，则称其为年金。

一般来说，按照现金流的特点，年金可以分为以下四种：

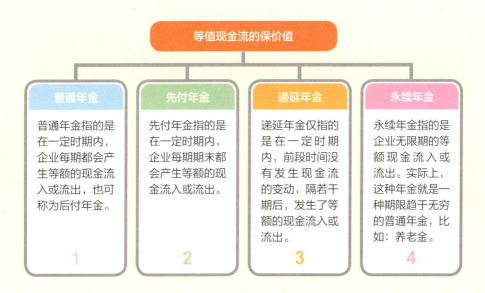

图7-12　等值现金流的价值

①普通年金。

普通年金指的是在一定时期内，企业每期都会产生等额的现金流入或流出，也可称为后付年金。

②先付年金。

先付年金指的是在一定时期内，企业每期期末都会产生等额的现金流入或流出。

③递延年金。

递延年金仅指的是在一定时期内，前段时间没有发生现金流的变动，隔若干期后，发生了等额的现金流入或流出。

④永续年金。

永续年金指的是企业无限期的等额现金流入或流出。实际上，这种年金就是一种期限趋于无穷的普通年金，比如：养老金。

其实，企业的年金可以被称为补充养老保险，这是企业根据自己的意愿建立的，一般来说，企业建立年金的主要目的就是提高企业退休人员的生活水平。

现金作为一项特殊的资产，其流动性强，可以衡量企业的短期偿债能力和应变能力。在现金本身获利能力较低的情况下，只能产生较少的利息收入，而且过高的现金存量又会造成企业损失机会成本的可能。由此可见，现金流在企业运营中占据着非常重要的作用，它不但会影响企业的盈利水平，还会影响企业的价值以及投融资的决策。老板若想提高企业的竞争力和长足发展，就必须要了解现金流的价值，加强对现金流的管理。

## 第六节
## 不懂控制企业库存

在现代企业中，库存作为企业生产的重要环节，对企业的生存发展有着十分重要的现实作用。对各位企业老板来说，能够明确库存的最佳数量，尽可能少用人力、物力、财力将库存管理好，获得最大的供给保障，这是企业一直致力追求的目标，也是企业竞争生存的重要环节。然而，很多企业老板都不懂如何控制企业库存，造成库存管理存在很多不合理性，比如：库存量少，企业无法维持正常的经营业务；而库存量大，不但严重影响企业的周转，还加重了仓储成本与库损风险。所以，老板一定要懂点库存管理的知识，以免不合理的库存给企业造成额外的负担。

库存指的是企业仓库中实际储存的货物，其中包括原材料、半成品或

产成品，以及在生产过程或提供劳务过程中所使用的材料、物料等库存物资。库存具有两面性，一方面能够维持正常供应链的运行，另一方面却占用了企业大量资金，在无形中增加了供应链的成本。对于企业来说，每年存货所持有的机会成本会占商品

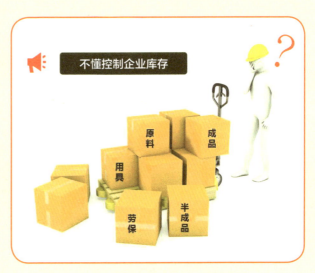

图7-13　不懂控制企业库存

价值的 20%，比如：将价值 50 元的食品储存在冰箱里，那么储存费用一年大约花费 10 元，这就是各大企业花费很多精力进行库存管理的最大原因。

存库管理是企业进行库存决策的一项重要的管理职能。它的形式有很多种，比如：协作分包方式和委托保管方式等。库存管理的主要功能就是记录入库、出库等库存详细信息，通过库存管理，老板能够了解库存的出库、入库以及盘点情况，从而提高库存管理效率。然而，老板在进行库存管理过程中存在很多问题，具体如下：

图7-14　库存管理过程中存在的问题

**（1）库存管理不善**

企业内部的库存管理规章制度比较混乱，不标准、不完善，还没有一个行之有效的监督机制。库存管理缺乏保障性，难以顺利执行。

**（2）产品滞销，效益不高**

当企业市场占有率下降时，供大于需，过多的库存就会造成大量产品的积压，产生产品滞销的现象，企业效益也急剧下降。

**（3）标识不清楚**

由于同种商品放在多个仓库中，没有被集中存放在一起，而且这些商品的码标也不同，就会导致大部分物资长期存储。其中，有些物资在存放过程中，极有可能会发生变质或失效的现象；或者有些物品被重复采购。这些情况都会给物资采购工作和仓储管理带来很多不必要的麻烦，增加库存成本。

### （4）核算不实，成本增加

在库存管理中，由于企业的会计核算没有起到监督的作用，导致企业账目与实际不相符；或者是在新税制下，企业对库存的核算了解甚少，在采购过程中，由于不懂相关规定而获取增值税专用发票，造成企业税负的不断增加，无形中也增加了一部分的成本。

企业存货的主要目的就是满足生产经营的需求，但如果老板想要有效控制存货成本，就必须要不断加强库存管理，才能维持存货的合理水平。一般来说，存货管理的方法有很多，比如：ABC法、EOQ法等，只要企业老板能够充分掌握库存管理各类方法的原理与作用，并正确使用，就能做好库存管理。具体如下：

### （1）ABC法

ABC法指的是将存货商品按照一定的登记标准，比如：商品价格、商品存放要求等，进行分类管理的一种方法。

### （2）EOQ法

EOQ法指的是老板根据企业的实际需求而确定比较合理的订货批次与数量，以便能够有效控制存货成本的一种管理方法。

### （3）JIT法

JIT法指的是在即时生产的模式下，企业根据生产的即时需求来采购相应的物资，达到零库存或最低库存的目的的一种方法。

### （4）MRP法

MRP指的是根据企业生产需求预测来编制生产需求计划，从而有效控制库存的订购与管制的管理方法。

以上就是库存管理比较常用的几种方法，只要老板能够根据企业的具体情况，选择比较合理的库存管理方法，都能达到非常不错的效果。除此之外，为确保库存管理的规范性与合理性，老板必须要掌握以下六项库存管理重点，并进行严格的监督控制，具体如下：

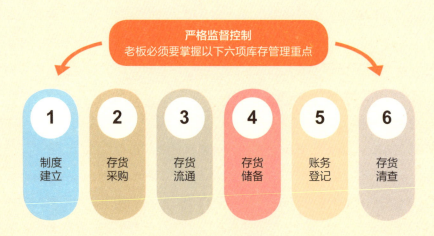

图7-15　库存管理重点

### （1）制度建立

管理者应该建立一个健全的企业存货管理制度，明确职务分工，界定各职务的权利与义务。同时，在存货管理流程中，管理者只有制定各环节的工作标准，才能为企业存货管理奠定基础。

### （2）存货采购

在存货采购时，管理者只有根据企业的实际需求，加强采购和供应链的管理工作，才能保证采购工作的规范性，达到有效控制采购成本的目的。

### （3）存货流通

实际上，存货流通指的就是存货的入库与发出，存货管理人员不仅要根据一定的要求认真完成验收入库和领用发出的工作，还要详细并完整地记录企业各项流通业务。

### （4）存货储备

仓储人员只有加强存货的储备管理，才可有效降低存货的丢失和损坏等风险。

### （5）账务登记

进行存货管理时，从采购到投入生产经营，只要与存货有关的各项业务都必须要登记在台账、明细卡和明细账中，这样才能确保账务的详细与真实，真正做到账实相符。

### （6）存货清查

管理者必须要定期进行存货检查，才能准确掌握企业存货的实际情况。如果遇到盘盈、损毁等情况，管理者必须要查明原因，并做出相应的处理。

在变幻莫测的市场中，产品需求日益多样化和个性化，产品更新换代的周期也越来越短。企业老板如果不懂库存控制，只是单纯地减少原材料的供给资金投入，那么企业的库存管理存在问题是在所难免的。如果老板想避免这些问题的发生，就必须要对企业未来的库存进行正确预测，然后做出合理的库存规划。加强库存管理，就能确保企业生产经营活动的正常进行，对企业发展也起到了一定的推动作用。

## 第七节
# 不懂查账，假账频发

现如今，企业错账、假账现象频繁发生，而且手段越来越高明，上自企业董事长，下至普通职员，只要与资金关联的环节都有作假的可能。即使老板将账目管得非常严格，罚得很重，但也无法杜绝做假账的现象。老板作为企业的管理者，不懂查账，就会造成企业的假账频繁发生。然而，面对企业的各种错账和假账，老板又该如何查账呢？

查账依赖于"账"，也依赖于"查"，账就是会计核算资料的问题，而查就是检查方法和技巧问题。在查账过程中，老板采用何种方法才能高效部署和组织查账工作？

图7-16　不懂查账，假账频发

### （1）按照查账规模分类

一般来说，按照查账规模，查账方法可以分为详查法和抽查法。

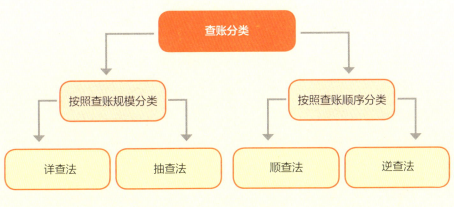

图7-17　查账的分类

①详查法。

详查法指的是老板对企业的会计资料以及其他经济资料进行全面、详细审查的一种方法。使用这种方法审查，其审查结果比较全面且准确，能够保证审查的质量，但投入的人力比较大，耗费时间较长，审查范围比较广，不容易抓住重点，因而较少使用。不过，此种方法比较适用于规模小且资料少，企业内部控制制度不健全，会计基础工作较差的企业。

②抽查法。

抽查法指的是老板从企业的会计资料以及其他经济资料中抽取一部分资料进行审查，根据审查的结果来对企业的总体情况进行评估的一种方法，主要有判断抽查法和统计抽查法两种。抽查法能够节约时间、人力和物力，能有效提高工作效率，所以，此种方法在查账工作中被广泛使用。值得注意的是，如果老板抽取的资料选择不当或没有代表性，就会影响审查结果的准确性。一般来说，抽查法比较适用于规模大、资料多、内部控制制度比较健全、会计基础工作较好的企业。

由于详查法和抽查法都有各自的特点和适用范围，在查账过程中，如果老板仅靠一种方法并不能取得充分、适当的证据，可以将这两种方法结合使用，这样就能做到审查范围比较全面，又能突出重点，取得不错的审查效果。

**（2）按照查账顺序分类**

按照查账顺序，查账方法可以分两种：顺查法和逆查法。

①顺查法。

顺查法是老板根据企业经济业务处理的先后顺序来进行审查的一种方法。其具体审查方法如下：

a.审查企业的原始凭证，查清企业经济业务发生的原因及其过程，以此来判断其是否正确。具有一定的真实性和合法性。在审查过程中，老板要认真核对并审查记账凭证是否正确、是否相一致。

b.认真核对并审查企业的财务账本，查清所有记账凭证是否及时入账，总账与所属明细账的相关内容是否相同。

c.审查财务报表时，老板一定要查看报表项目是否有相关的账户记录做根据，报表间有关项目的钩稽关系是否存在。

不难看出，顺查法是老板按照企业业务处理的顺序进行核对并审查。其操作比较简单，审查的结果具有全面性、系统性和准确性。但由于此种方法比较机械，审查和核对费时又费力，还不容易抓住重点。一般来说，规模小且业务量少、企业管理制度不健全、问题比较多的企业比较适用此种方法。

②逆查法。

逆查法又被称为倒查法，老板是根据分析报表结果发现的疑点，明确审计的重点，然后审查有疑问的企业账簿和凭证。一般来说，规模大且业务量多，为了节约工作量和审计成本的企业，或者是企业管理制度健全、有效、问题较少的企业，都比较适用此种方法。

查账的方法有很多，按照不同的分类，其查账的方法也会不同，每个方法都有各自的优点和适用范围，各位老板在查账时，可以根据企业的具体情况，选择与之相适用的查账方法，或者是结合两种以上的查账方法，才能更全面、更准确地获得相应的审查证据。老板就应该懂点查账方法，面对账簿的审查结果，有较强的分析和判断能力，这样就可以有效避免企业假账的频繁发生。